Selbstsicher – selbstbewußt

Selbstsicher – selbstbewußt

Von Marianne Trappe

humboldt

Lebenshilfe & Psychologie

humboldt-taschenbuch 609

Die Autorin:
Marianne Trappe ist Diplompsychologin mit langjähriger Therapieerfahrung. Die Beratung von Patienten mit Selbstwertproblemen gehört zu ihrer täglichen Praxis.

Für viele Anregungen und Ideen dankt die Autorin ihren Kollegen Dipl.-Psych. Helmut Brenner und Martina Hickisch.

3., durchgesehene Auflage 1994

Hinweis für den Leser:
Alle Angaben wurden von Autorin und Verlag sorgfältig überprüft. Dennoch kann eine Gewähr nicht übernommen werden.

Umschlaggestaltung: Wolf Brannasky, München
Umschlagfoto: Fotostudio Bornemann, München
Zeichnungen im Innenteil: Fritz E. und Heidrun Urich, München

Druck: Presse-Druck Augsburg
Printed in Germany
ISBN 3-581-66609-X

3 * 94

Inhalt

Einleitung

Sie ist allseits gefragt, verschafft uns Vorteile im täglichen Leben, fördert und intensiviert das Zusammenleben und hilft uns, neue Erfahrungen zu machen und uns weiterzuentwickeln. Gemeint ist die Selbstsicherheit.

Viele Menschen leiden heute darunter, daß sie sich unsicher und ängstlich fühlen und tagtäglich von neuem erleben, daß sie sich nicht genügend durchsetzen können, ihre persönlichen Rechte stets zugunsten anderer zurückstellen oder sich einsam fühlen, weil ihnen der Mut fehlt, auf andere Menschen zuzugehen. Angst und Unsicherheit können die Lebensqualität eines Menschen stark beeinträchtigen und zu Folgeerscheinungen im seelischen (z.B. Depressionen oder Ängste) und im körperlichen Bereich (z.B. psychovegetative Beschwerden) führen.

Manche Menschen versuchen, ihre Unsicherheit zu überwinden, indem sie Alkohol trinken, rauchen, essen oder zu Beruhigungsmitteln greifen. Sie fühlen sich dadurch für kurze Zeit entlastet; Unsicherheit und Angst kommen jedoch nach einiger Zeit wieder, und die alltäglichen Probleme bleiben bestehen. Die Entstehung von Süchten wird damit vorprogrammiert. Es hilft langfristig nicht, schwierigen Situationen aus dem Weg zu gehen oder Probleme und Sorgen zu verdrängen. Die Angst wird dadurch nur verstärkt.
Es geht gewiß nicht darum, vollkommen angstfrei zu werden. Wer keine Angst hat, handelt oft unvorsichtig, erkennt keine Gefahren und geht leichtsinnig viele Risiken ein.

Es geht vielmehr darum, mit seiner Angst und Unsicherheit umgehen zu lernen, sie teilweise abzubauen und selbstsicherer zu werden, um im Alltag besser mit sich selbst und den Mitmenschen zurechtzukommen, ohne die eigenen Interessen und Bedürfnisse in den Hintergrund zu stellen. Angst und Unsicherheit hindern uns – wenn sie zu stark ausgeprägt sind – neue Möglichkeiten auszuprobieren und neue Erfahrungen zu machen. Selbstsicheres Verhalten erhöht die Lebensqualität und erweitert den persönlichen Lebensraum.

Nun ist unter selbstsicherem Verhalten weder egoistisches noch rücksichtsloses Verhalten den Mitmenschen gegenüber zu verstehen. Es zählt nicht die Ellenbogenstärke! Selbstsicheres Verhalten und Erleben sind immer im sozialen Umfeld zu sehen, in dem die Interessen und Bedürfnisse anderer Menschen angemessen berücksichtigt werden. Erst dann wird es von anderen anerkannt und findet Bestätigung.

Wie wird man selbstsicher?

Es gibt verschiedene Wege, die zu selbstsicherem Verhalten führen. Eine erprobte und erfolgreiche Methode ist das verhaltenstherapeutische Modell zum Erlernen von Selbstsicherheit. Man versteht dieses Modell leicht, und es gibt dem Betroffenen Anleitungen zur Selbsthilfe, die es ihm ermöglicht, eigenständig und selbstverantwortlich zu handeln. Ansatzpunkt zur Veränderung ist die Suche nach den Ursachen von selbstunsicherem Verhalten und Erleben. Diese Ursachen können zum Beispiel in der persönlichen Lerngeschichte des einzelnen, das heißt in ungünstigen Erziehungsstilen, persönlichen Erfahrungen, Lebenseinstellungen usw. liegen.

In den meisten Fällen handelt es sich um bestimmte Fehlverhaltensweisen und Fehleinstellungen, die unsicheres Verhalten prägen, wie zum Beispiel die Fehleinstellung »Man darf Vorgesetzten nie einen Wunsch abschlagen« oder »Man soll immer bescheiden sein und sich nicht in den Mittelpunkt drängen«.
Außerdem haben selbstunsichere Menschen bestimmte soziale Fertigkeiten gar nicht oder nur unzureichend erlernt, wie beispielsweise die Fähigkeit, Kontakte zu knüpfen, Kritik angemessen zu äußern oder Gefühle zu artikulieren.

Versuchen Sie selbst mit der Unterstützung durch den zweiten Teil des Buches festzustellen, welche Ursachen bei Ihnen eine Rolle für die Entstehung von selbstunsicherem Verhalten spielen. Die Kenntnis der Ursachen ist der Ansatzpunkt zur Veränderung.

Im dritten Teil, dem eigentlichen »Selbstsicherheitstraining«, erfahren Sie, was Sie tun können, um ungünstige, das heißt unsichere und überängstliche, Verhaltensweisen zu verlernen und neues selbstsicheres Verhalten zu erlernen. Empfehlenswert ist die Teilnahme an einer Gruppe mit gleichermaßen Betroffenen, denn gemeinsam geht's leichter. Sie können zudem fachliche Unterstützung in Anspruch nehmen, Selbstsicherheitsübungen durchführen, in Rollenspielen neue Erfahrungen sammeln und ungewohnte Verhaltensweisen ausprobieren. Dieses Buch eignet sich in diesem Fall als Begleitlektüre zur Gruppenteilnahme.

Das Ziel dieses Selbstsicherheitstrainings ist nicht die Vermittlung von Patentrezepten in Form von starren Denk- und Verhaltensleitfäden für bestimmte Situationen im Sinne von »Wie verhalte ich mich, wenn ...«. Es geht vielmehr darum, Ihnen Selbsthilfemöglichkeiten, Strategien und Techniken an die Hand zu geben, so daß Sie die Ursachen für Ihre Unsicherheit selbst erkennen und auch verändern können. Nehmen Sie sich genügend Zeit. Festgefahrene Verhaltensgewohnheiten lassen sich nicht über Nacht ablegen. Erst Einsicht, Ausdauer und regelmäßiges Training führen zu Erfolgen. Haben Sie Mut, auch einmal ungewohnte Handlungen auszuprobieren.

Selbstsicherheit heißt, die Verantwortung für sein persönliches Wohlergehen, sein Leben, selbst zu übernehmen.

Guten Start!

Autorin und Verlag

I Was ist Selbstsicherheit

Schaffe ich es?

Dazu gleich ein Fallbeispiel:

Herr Sporge wälzt sich im Bett von einer Seite auf die andere. »Wenn ich doch endlich einschlafen könnte«, denkt er bei sich. Aber es ist immer dasselbe. Wenn er erst einmal ins Grübeln kommt, will sich der ersehnte Schlaf gar nicht mehr einstellen. Die Gedanken werden immer bedrückender und lassen sich trotz zahlreicher Ablenkungsversuche nicht mehr abstellen. Im Augenblick geht ihm immer wieder das bevorstehende Gespräch mit seinem Chef durch den Kopf. Hat er sich doch seit Monaten – oder ist es gar länger her – vorgenommen, um eine Gehaltserhöhung nachzufragen. Seine Kollegen haben schon längst die fällige Erhöhung durchgesetzt, während er das Gespräch immer wieder hinausschiebt. Triftige Einwände und Ausreden für einen Aufschub ließen sich bisher immer finden. Aber mit der Zeit wurde Herr Sporge immer unzufriedener mit sich selbst. Schließlich gehört er zu den Mitarbeitern, die seit Anfang an dabei sind und die Firma mit aufgebaut haben. Nicht umsonst wenden sich viele Kollegen an ihn, wenn sie mit einer Sache nicht mehr zurechtkommen. Er ist stolz darauf, immer um Rat gefragt zu werden, hat jedoch öfter den Eindruck, daß manch' lästige Arbeit auf ihn abgewälzt wird. »Der Sporge macht das schon.« Diesen Satz hat er zufällig bei einem Gespräch zweier Kollegen aus dem Nebenraum aufgeschnappt. Aber nein sagen mag er auch nicht; dann würden sich die Kollegen vielleicht von ihm abwenden.

An den gemeinsamen Pausen nimmt er nur selten teil. Er redet sich ein, daß die anderen Kollegen ihn sicherlich nicht dabeihaben wollen. Trotz seiner vielen Dienstjahre fühlt er sich oft allein und ausgeschlossen. Was die Kollegen wohl von ihm denken? Sicherlich nicht viel Gutes, sonst würden sie wahrscheinlich öfter privat auf ihn zukommen. Na ja, andererseits würde er sich nicht viel an den Gesprächen beteiligen können. Wann kann er schon mitreden? Die meisten Kollegen sind jünger als er und haben ganz andere Interessen. Sicherlich haben sie sich schon ausgerechnet, wann sie seine Position einmal besetzen werden.

Vor einem Jahr, als er bei der Lösung eines Problems weiterhelfen konnte, sagte sein Chef noch zu ihm: »Ach Herr Sporge, wenn wir Sie nicht hätten, was sollten wir dann nur anfangen!« Aber in letzter Zeit war der Chef oft schlecht gelaunt und mürrisch. Ob es vielleicht mit ihm oder seiner Arbeit zusammenhing? Vielleicht wollte sein Chef ihn loswerden und einen Jüngeren auf seinen Platz setzen. Er wußte vielleicht nur noch nicht, wie er das geschickt anstellen sollte. Und in dieser Situation wollte er, Sporge, zu seinem Chef gehen und um eine Gehaltserhöhung bitten? Wahrscheinlich würde ihn sein Chef ganz verständnislos ansehen oder ihn gar auslachen. Lächerlich machen wollte er sich auf keinen Fall! Wie konnte er nur auf die Idee kommen, um eine Gehaltserhöhung nachfragen zu wollen?

Am besten wäre es, wenn er sich zukünftig noch mehr als bisher zurückhielte, seine Arbeit besonders sorgfältig erledigte und von anmaßenden Forderungen vorerst Abstand nähme. Vielleicht konnte er damit einer Kündigung noch einmal entgehen oder sie zumindest hinausschieben …

Erleichtert dreht sich Herr Sporge im Bett auf die andere Seite. Das für den nächsten Tag angesetzte Gespräch ist damit gestrichen oder zumindest aufgeschoben.

Ähnlich wie Herrn Sporge ergeht es vielen Menschen. Sie zerbrechen sich unentwegt den Kopf über Dinge, die ihnen bevorstehen und deren Entwicklung oder Ausgang sie nicht voraussehen können. Jeder Mensch macht sich gelegentlich Sorgen und ist sich unsicher, ob er ein anstehendes Problem bewältigen kann oder nicht. Er zieht mögliche Risiken in Betracht und entscheidet, ob er sich die Bewältigung einer Aufgabe zutrauen darf. Wer jedoch in der ständigen Sorge lebt, etwas falsch zu machen, stets nur auf Risiken und Nachteile achtet, macht es sich selbst sehr schwer. Wenn Sorgen und Ängste übermächtig werden, wird die Handlungs- und Denkfähigkeit eines Menschen eingeschränkt. Es ist ein Teufelskreis: Wer sich wenig zutraut, riskiert wenig, setzt sich mit vielen Problemen nicht auseinander und kann schließlich auch nicht die Erfahrung machen, daß manche Sorgen und Ängste unbegründet sind, daß die Schwierigkeiten sich zumindest als kleiner erweisen, als es auf den ersten Blick hin erschien. Die Folge ist, daß das Selbstwertgefühl dieser Menschen immer weiter sinkt, sie sich im Laufe der Zeit immer weniger zutrauen. Im Umgang mit ihren Mitmenschen werden sie zurückhaltender, vorsichtiger, mißtrauischer und unsicherer.

Mangelnde Selbstsicherheit kann sich im Alltag recht unterschiedlich äußern. Dabei ist es jedoch gleichgültig, ob es sich um die Aufgabe handelt, sich durchzusetzen oder mit anderen Menschen Kontakte zu knüpfen. Die Folgen sind dieselben: Im seelischen Bereich Gefühle der Frustration, Beklemmung, Nervosität, Spannung oder Resignation und im körperlichen Bereich Verspannungen der Muskulatur, Magenbeschwerden, Schweißausbrüche, Atembeschwerden usw.

Dazu kommt, daß die Leistungsfähigkeit eines Menschen unter seiner Unsicherheit leidet. Wer sich ständig Sorgen macht und Angst hat zu versagen, hält sich selbst durch negative Gedanken davon ab, sich auf die Bewältigung von Aufgaben und Problemen zu konzentrieren. Unkonzentriertheit wiederum hat verminderte Leistungsfähigkeit zur Folge. Die Angst zu versagen wird damit bestätigt; wieder ein Fall sich selbst erfüllender Prophezeiung! Ein gutes Beispiel dafür ist die *Prüfungsangst*, bei der die psychovegetative Übererregbarkeit Denkblockaden provoziert, so daß sogar die einfachsten Grundkenntnisse plötzlich nicht mehr abgerufen werden können.

Unsicherheit und Angst können bei manchen Menschen immer stärker werden, so daß sie sich immer häufiger gedanklich mit bevorstehenden schwierigen Situationen befassen und sich sogenannte *Erwartungsängste* einstellen. Problematische Situationen werden – wenn möglich – gemieden.

Starke Ängste werden, wie bereits erwähnt, von psychovegetativen Beschwerden begleitet, die in bestimmten Zusammenhängen auf eine *Phobie* schließen lassen können. Bei den Phobien handelt es sich um besonders starke Ängste vor gewöhnlich ungefährlichen Dingen oder Situationen, die bei den meisten anderen Menschen nicht von Angst begleitet werden (vgl. S. 57ff.). So gibt es Menschen, die Angst haben, einen Platz zu überqueren, andere haben Angst, im Fahrstuhl zu fahren, oder können keine Brücke betreten. Die Folge ist, daß sie diese Situationen immer häufiger meiden und ihren Lebensraum somit beträchtlich einengen. Je öfter eine Situation gemieden wird, desto größer wird die Angst. Diese Erfahrung kann jeder selbst machen. Denken Sie an das Beispiel eines Autounfalls. Wer danach nicht spontan wieder Auto fährt, bekommt immer größere Angst davor. Die Schwelle, diese Angst zu überwinden, wird mit der Zeit zunehmend höher.

Das *Vermeiden unangenehmer Situationen* kann also keine erfolgreiche Methode zur Überwindung der Angst darstellen. Es ist vielmehr der *umgekehrte* Weg, der zum Ziel führt. Wer angstbesetzte Situationen immer wieder aufsucht, das heißt sich mit seiner Angst befaßt, macht schon bald die Erfahrung, daß manche Befürchtung unbegründet ist oder sich als übertrieben erweist. Negative Gedanken und Einstellungen müssen sich nicht immer bewahrheiten. Es geht darum, sich mit unangenehmen Situationen auseinanderzusetzen, sich mit ihnen vertraut zu machen. Wer zum

Beispiel Prüfungsangst hat, kann sich vorher den Ort der Prüfung anschauen oder die Prüfer kennenlernen. In der Prüfung ist man dadurch ruhiger und entspannter. *Schritt für Schritt angstfreier werden* heißt die Grundkonzeption der Methode der *systematischen Entängstigung* (systematische Desensibilisierung). Die systematische Desensibilisierung wird unter Anleitung eines Diplom-Psychologen oder Psychotherapeuten bei der Behandlung von Phobien (wie z.B. Platzangst, Tierphobie, Flugangst usw.) eingesetzt. Eine genauere Beschreibung finden Sie im Teil III des Buches ab Seite 48.

Wir wollen uns in diesem Band jedoch nicht mit der Behandlung von Phobien, sondern mit der Behandlung von *Selbstunsicherheit* befassen. Die Selbstunsicherheit ist allerdings häufig eine Mitursache der Phobien.

Welche Strategien und Wege wählen unsichere und ängstliche Menschen, um ihre Ängstlichkeit und damit ihren Leidensdruck zu verringern oder zu überwinden?

Viele unsichere Menschen gehen den vermeintlich einfachsten, tatsächlich aber grundverkehrten Weg, das heißt, sie meiden soziale Situationen, in denen ihre Unsicherheit spürbar werden beziehungsweise auffallen könnte. Sie kommen Einladungen nicht nach, ziehen sich zurück und gehen Konflikten aus dem Weg. Gehören Sie zu dieser Gruppe, so umgehen Sie das Risiko, sich »falsch« zu verhalten oder zu versagen. Sie lernen jedoch auf diese Weise nicht, diese Situationen zu bewältigen. Die Erfahrung, daß Sie einige Fähigkeiten haben, die Sie sich eigentlich gar nicht zugetraut hätten, können Sie nicht machen.

Vielleicht suchen Sie nach anderen Entlastungsmöglichkeiten und Auswegen. Sie versuchen unter anderem, Ihre Gefühle der Frustration und Selbstunzufriedenheit zu überdecken, indem Sie zur Zigarette greifen, mit einem Stück Kuchen Ihren Kummer zuzudecken versuchen oder sich mit Alkohol betäuben. Es ist ja auch einfach, sich an der Zigarette festzuhalten oder sich mit Hilfe von Alkohol Wohlbefinden und Selbstsicherheit vorzutäuschen. Die Wirkung hält allerdings nur kurzfristig an und muß ständig aufs neue wiederholt werden. Dies ist der Werdegang eines Süchtigen. Es gibt jedoch andere, effektivere Wege zu mehr Selbstsicherheit.

➽ Was Sie selbst dafür tun können, um selbstbewußter zu werden, erfahren Sie in den folgenden Kapiteln. Denn Selbstsicherheit ist erlernbar. Jeder kann und soll selbst dazu beitragen.

Erscheinungsformen von Selbstunsicherheit im Alltag

Sie haben ein ungutes Gefühl. Sie versuchen, nicht daran zu denken, aber die Gedanken kreisen immer wieder um eine Situation, die Ihnen bevorsteht. Oder Sie ärgern sich im nachhinein über Ihr eigenes Verhalten. »Ach, hätte ich doch meine Vorstellungen deutlicher geäußert oder mich besser durchgesetzt. Aber jetzt ist es zu spät. Ich kann nun nichts mehr ändern. Aber ich ärgere mich doch darüber!«

Oder schieben Sie eine Sache immer wieder auf, weil Sie sich Gedanken darüber machen, was alles »schlimmstenfalls« passieren kann?

Selbstunsicherheit äußert sich im Alltag als *soziale Angst.* Es ist die Angst im Umgang und im Kontakt mit den Mitmenschen, die uns mehr oder weniger im täglichen Leben behindert und uns in unserem Wohlbefinden beeinträchtigt.

Die folgenden Beispiele veranschaulichen, wie unterschiedlich sich Selbstunsicherheit äußern kann:

Seit über einer Stunde wartet Herr Meier in einem Restaurant bereits auf sein Essen. In einer halben Stunde hat er einen Termin mit einem wichtigen Kunden, den er unter keinen Umständen warten lassen darf. Unruhig rutscht er auf seinem Stuhl hin und her und überlegt, was er tun soll. Als der Ober wieder einmal an seinem Tisch vorbeikommt, fragt er ganz vorsichtig, ob es noch lange dauern würde. Der Ober beruhigt ihn mit den Worten, daß er sein Essen gleich bekomme, man habe schließlich alle Hände voll zu tun. Herr Meier entschuldigt sich für seine Frage und wartet weiter. Er wird jedoch immer nervöser und schaut ständig auf seine Uhr. Insgeheim ärgert er sich über sich selbst. Eigentlich müßte er sich viel nachdrücklicher durchsetzen. Wenn er sich selbst nur mehr zutrauen würde, dann würden nicht ständig wieder Situationen auftreten, in denen er sich über seine Unsicherheit ärgern müßte.

Können Sie Ihre Interessen und Bedürfnisse durchsetzen? Können Sie Forderungen angemessen stellen? Oder stecken Sie lieber zurück und richten sich in Ihrem Verhalten vorwiegend nach den Wünschen Ihrer Mitmenschen?

Menschen, die sich nicht oder zu wenig durchsetzen können, signalisieren ihre Unsicherheit nach außen hin durch mehr oder weniger deutliche Kennzeichen: Ihre Stimme ist leiser als die ihrer Gesprächspartner; sie lassen sich bei Gesprächen von anderen häufig im Reden unterbrechen; ihre Sprache ist durch eine bestimmte Wortwahl gekennzeichnet. Redewendungen und Wörter wie »vielleicht«, »unter Umständen« oder »wenn es Ihnen nichts ausmacht« werden häufig benutzt. Mit Hilfe dieser Kennzeichen verraten sie ihren Mitmenschen, daß sie sich nicht sicher sind, ob sie Forderungen stellen oder ihre Bedürfnisse durchsetzen sollen, und erleichtern dem Gesprächspartner damit eine Absage.

Kann es sein, daß Sie erst gar keine Forderungen stellen, weil Sie Angst vor den Reaktionen Ihrer Mitmenschen haben?

»Was mag der andere wohl von mir denken?« Solche Gedanken hemmen Sie in Ihrem Verhalten. Dabei kann es natürlich leicht geschehen, daß Sie Ihren Mitmenschen vermeintliche Reaktionen unterstellen und Ihr eigenes Mißtrauen den anderen ankreiden, wie es zum Beispiel in dem lesenswerten Buch von WATZLAWICK »Anleitung zum Unglücklichsein« in der »Geschichte mit dem Hammer« anschaulich dargestellt wird:

Ein Mann will ein Bild aufhängen, und ihm fehlt dazu ein Hammer. Er beschließt, sich diesen vom Nachbarn zu leihen. Indem er sich ausmalt, wie der Nachbar auf seine Bitte reagieren könnte, kommen ihm Zweifel. Dabei addiert sich ein negativer Gedanke zum anderen, bis er schließlich wütend zum Nachbarn hinüberläuft und ihn anschreit: »Behalten Sie Ihren Hammer, Sie Rüpel!«

Noch ein Fallbeispiel:

Frau Schneider arbeitet als Sachbearbeiterin in einem Büro. Sie ist bekannt für ihre Zuverlässigkeit und ihren außerordentlich großen Arbeitseinsatz. Wenn ihre Kollegen nach Dienstschluß bereits das Büro verlassen haben, holt sie sich die liegengebliebenen Arbeiten, um sie noch zu erledigen. Bei ihren Kollegen ist sie nicht besonders beliebt. Sie haben den Eindruck, daß sich Frau Schneider bei ihrem Chef besonders anbiedern möchte, während sie selbst in ein ungünstiges Licht gerückt werden. Bei Feiern oder gemeinsamem Kaffeetrinken findet Frau Schneider immer eine Ausrede, um nicht oder nur kurz teilnehmen zu müssen. Manchmal wird sie schon gar nicht mehr angesprochen. Da sie sich nach außen hin kühl und distanziert gibt, sucht auch niemand Kontakt zu ihr. Im Grunde genommen fühlt sie sich jedoch unsicher und allein. Bei ihren Bemühungen, außerhalb des Büros neue Kontakte zu knüpfen, hat sie bereits auf Kontaktanzeigen geantwortet. Es blieb jedoch immer bei flüchtigen Kontakten.

Viele Menschen haben Schwierigkeiten, Kontakte anzuknüpfen und aufrechtzuerhalten. Aus Angst, etwas falsch zu machen oder nicht akzeptiert zu werden, sind sie gehemmt und unsicher im Umgang mit anderen Menschen. Sie wollen nicht das Risiko eingehen, abgelehnt zu werden und halten sich lieber von vornherein zurück und geben sich distanziert und kühl. Dies hat wiederum zur Folge, daß auch kaum jemand Kontakt zu ihnen sucht. Sie werden zum Teil gemieden und finden ihr Gefühl, abgelehnt zu werden, bestätigt. Die Folge beim Betroffenen ist Resignation. Schon bestehende Minderwertigkeitsgefühle werden erneut bestärkt. »Mich mag ja doch keiner« lautet die unlogische Schlußfolgerung.

Es entwickelt sich ein richtiger Teufelskreis:

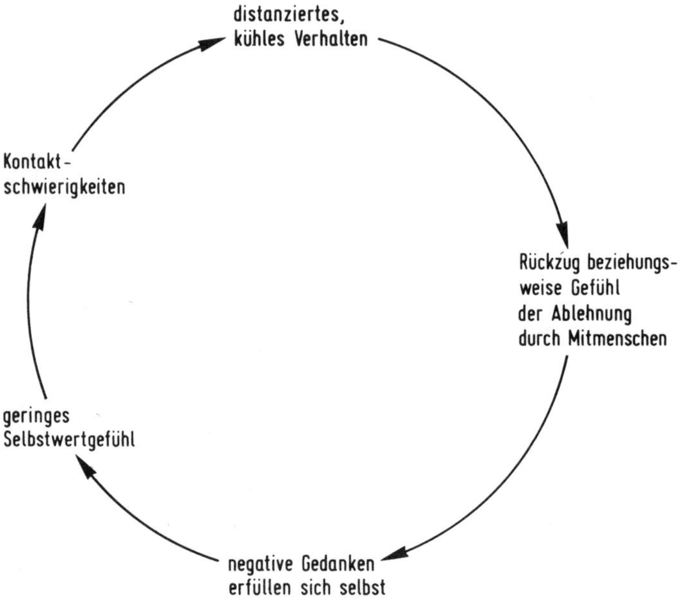

Abb. 1: Teufelskreis »Kontaktprobleme«

Kontaktschwierigkeiten können zum einen durch Unsicherheit im Verhalten mit anderen Menschen bedingt sein. Dabei mögen die Ursachen zum Beispiel in bestimmten Verhaltensdefiziten liegen (vgl. Teil II). Manche Menschen wissen nichts mit anderen anzufangen, manche können zum Beispiel kein Gespräch beginnen oder aufrechterhalten. Zum anderen dürften auch Erwartungsängste eine Rolle spielen wie: »Hoffentlich bin ich kein ›Mauerblümchen‹, wenn ich auf der Party aufkreuze« oder »Es ist eine Katastrophe, wenn mich jemand schief ansieht«.

Es ist wichtig, die Ursachen zu erkennen, um Kontaktprobleme zu überwinden und bestimmte Fertigkeiten im Umgang mit anderen Menschen zu erlernen (vgl. Teil III, Kap. »Kontakte aufnehmen und vertiefen lernen«, S. 87ff.).

Beispiel:

Herr Eifring ist bei seinen Nachbarn als hilfsbereit und zuverlässig bekannt. Wenn Not am Mann ist, wäre Herr Eifring der letzte, der eine Bitte ablehnt. Für eine ältere Frau besorgt er regelmäßig Getränke und trägt sie ihr bis in die Wohnung. Dem einen Nachbarn mäht er während des Urlaubs den Rasen, beim anderen wird er zu jeder etwas komplizierteren Ausbesserungsarbeit hinzugezogen. Mit den Worten »Sie können das ja so gut!« läßt er sich schnell überreden und steht stets zur Verfügung. Er selbst hat bisher kaum jemanden um einen Gefallen gebeten, obwohl er nach einer gerade überstandenen Krankheit Hilfe hätte gebrauchen können. Unter dem Vorwand, daß seine Bitte vielleicht unangemessen sein oder dem anderen ungelegen kommen könnte, bittet er Dritte nicht um eine Gefälligkeit. Zudem träfe es ihn hart, wenn jemand nein sagen würde. Eine Absage möchte er auf keinen Fall riskieren. Auf Grund seiner übertriebenen Hilfsbereitschaft fühlt er sich jedoch häufig überlastet und erschöpft. Solange ihn seine Mitmenschen um einen Gefallen bitten, fühlt er, daß er gebraucht und geschätzt wird, und er nimmt dafür jede Überlastung in Kauf.

Grundsätzlich ist es sicherlich anerkennenswert, anderen Menschen zu helfen. Es wird erst dann zum Problem, wenn unberechtigte Wünsche und übertriebene Forderungen gestellt werden und nicht abgelehnt werden können oder es nicht gelingt, auch einmal eigene Ansprüche und Bedürfnisse durchzusetzen. Die Folgen sind zum einen Unzufriedenheit und Überlastungsgefühle, die nicht selten zu psychovegetativen (z.B. Kopfschmerzen, Schweißausbrüche...) oder gar zu psychosomatischen Beschwerden (z.B. Magengeschwüre) führen. Zum anderen hat die überzogene Hilfsbereitschaft für die Betroffenen auch eine angenehme Seite: Man wird wegen seiner Hilfsbereitschaft oft um Hilfe gebeten und nach außen hin allseits geschätzt. Daraus ziehen viele Betroffene den Fehlschluß: »Wenn ich von allen Menschen geschätzt werden will, muß ich ihnen immer helfen und darf nicht nein sagen.«

Weiterhin entsteht die Einstellung: »Andere mögen mich nur, wenn ich ihnen helfe.« Diese Fehleinstellungen sind meistens eng mit Minderwertigkeitsgefühlen verknüpft, wie Sie im Teil II noch ausführlicher nachlesen können.

Beispiel:

Frau Kunze ist verheiratet und lebt mit ihrem Mann in einem Eigenheim am Stadtrand. Ihre Kinder sind bereits erwachsen und studieren in anderen Städten. Seitdem sie von zu Hause fortgezogen sind, fühlt sich Frau Kunze unausgelastet und unzufrieden. Der Haushalt füllt sie nicht mehr aus, so daß sie sich oft langweilt und nicht weiß, wie sie die Zeit, bis ihr Mann nach Hause kommt, nutzen soll. Ihr Mann hat sich in seiner Firma im Laufe der Jahre eine angesehene Position geschaffen, die der Familie finanzielle Sicherheit gewährleistet. Auf Grund seiner leitenden Stellung bleiben Überstunden nicht aus, so daß er manchmal erst spät abends nach Hause kommt. Dann ist er so erschöpft, daß er nur noch eine Mahlzeit zu sich nimmt und beim Fernsehen abzuschalten versucht.
Frau Kunze, die Tag für Tag auf die Rückkehr ihres Mannes wartet, ist oft enttäuscht, daß kaum Zeit für gemeinsame Unternehmungen bleibt. Sie traut sich jedoch nicht, mit ihrem Mann darüber zu sprechen, weil sie Angst hat, daß er ihre Worte falsch aufnehmen und als Vorwurf auffassen könnte. Er betont doch immer wieder, daß er so hart arbeite, damit es ihnen gut gehe und sie sich den bisherigen angenehmen Lebensstandard weiterhin leisten könnten. So verketten sich Mißverständnisse, die bestehen bleiben, solange Frau Kunze nicht über ihre Bedürfnisse und Vorstellungen mit ihrem Mann reden kann. Statt dessen zieht sie sich zurück und findet sich resigniert mit der Situation ab.

Gehören Sie zu den Menschen, die kein Zutrauen zu ihren eigenen Fähigkeiten fassen und ein geringes Selbstwertgefühl haben?
Oft verstärken Sie Ihre Unsicherheit, indem Sie sich Partner suchen, die alles in die Hand nehmen und regeln, und werden dadurch immer unselbständiger. Neuen Situationen stehen Sie fassungslos und hilflos gegenüber. Die Hilflosigkeit wird durch Fehleinstellungen und Ausreden wie »Ich bin ja doch zu alt, um noch etwas zu ändern« unterstützt. Probleme werden nicht angegangen, sondern dem Partner zur Bewältigung überlassen. Sie möchten ja auch auf keinen Fall etwas falsch machen. Der Partner festigt häufig diese Einstellung, indem er sagt: »Komm, laß mich das mal machen. Du kannst das ja doch nicht.«

➽ Wer aus Angst heraus, etwas falsch zu machen, jegliche Problembewältigung anderen Menschen überläßt, kann natürlich nie lernen, selbstverantwortlich zu handeln und sein Leben selbst zu gestalten.

Selbstverantwortliches Handeln kann jedoch gelernt werden. Im Teil III dieses Buches erfahren Sie, was Sie selbst dafür tun können, um Schritt für Schritt selbstsicherer zu werden. Dazu gehört zum Beispiel die Fähigkeit, Kritik angemessen zu äußern und auch entgegenzunehmen, Gefühle gegenüber anderen Menschen zu artikulieren, Selbstvertrauen zu entwickeln.

Es können an dieser Stelle nur einige Aspekte und Beispiele dargestellt werden, wie sich Selbstsicherheit im Alltag äußern kann. Nicht nur bei Ihnen, bei vielen Menschen liegt eine allgemeine Unsicherheit und Ängstlichkeit vor.

Überlegen Sie selbst, in welchen Situationen Sie sich unsicher fühlen:
Welchen Situationen gehen Sie aus dem Weg? Welche Tätigkeiten und Probleme schieben Sie gerne auf? Bei welchen Gelegenheiten fühlen Sie sich unwohl oder unzufrieden, weil Sie unsicher sind und so Ihre Bedürfnisse nicht durchsetzen können?

➽ Eine entscheidende Voraussetzung zur Veränderung ist, daß Sie sich auf Grund Ihrer Unsicherheit in Ihrem Wohlbefinden beeinträchtigt fühlen und *etwas dafür tun* wollen, um selbstsicherer zu werden.

Dabei ist es unwichtig, ob Sie lernen wollen, sich in Ihrem Beruf besser durchzusetzen, neue Kontakte herzustellen, oder ob Sie in den zahlreichen, immer wiederkehrenden »kleinen« alltäglichen Situationen mit Ihrem Verhalten unzufrieden sind. Der Weg zu mehr Selbstsicherheit ist oft der gleiche.

Bevor Sie diesen Weg gehen, sollte jedoch klar sein, was Sie erreichen wollen. Was stellen Sie sich eigentlich unter Selbstsicherheit vor? Da gerade dieser Begriff oft sehr vielschichtig ist und recht unterschiedlich im allgemeinen Sprachgebrauch verstanden wird, ist eine Bedeutungsklärung notwendig. Oftmals wird Selbstsicherheit zum Beispiel mit Arroganz, Überheblichkeit oder Egoismus verwechselt. Nicht jeder, der nach außen hin selbstsicher wirkt, ist es auch. Deswegen empfiehlt es sich, die Begriffe voneinander abzugrenzen. Erst dann können Sie eine Bestandsaufnahme Ihrer Unsicherheit machen, indem Sie überlegen, in welchen Situationen Sie sich unsicher fühlen, mit sich unzufrieden sind und etwas verändern möchten. Doch vorerst zur Begriffsklärung.

Selbstsicherheit ist nicht Überheblichkeit

Es sind nicht immer die Lauten stark,
nur weil sie lautstark sind.
Es gibt so viele, denen das Leben
ganz leise viel echter gelingt.
KONSTANTIN WECKER

Ja, was ist eigentlich Selbstsicherheit?
Sind es die »Lauten«, die sie verkörpern? Auf den ersten Blick anscheinend ja. Da sind es die redegewandten, sich in jeder Situation lautstark durchsetzungsfähigen Menschen, die als »selbstsicher« gelten. Aber sind sie wirklich selbstsicher, oder ist es bei vielen nur eine Fassade, mit der sie ihre wahren (angstvollen) Gefühle und Gedanken verbergen?

Oftmals benötigen diese Menschen bestimmte Hilfsmittel, um selbstsicher zu wirken. Bei den einen ist es die Berufskleidung, die ihnen Sicherheit verleiht (z.B. weißer Kittel, Uniform), oder der große Schreibtisch, hinter dem sie sich stark fühlen, oder das Auto, mit dem sie zeigen können, daß sie »Status haben«, schneller oder gewandter fahren als andere. Sie fühlen sich »besser als der Durchschnitt«. »Was, das kannst Du nicht? Das kann doch jeder!« sind typische Äußerungen von überheblichen Menschen. Erfolge werden grundsätzlich nur dem eigenen Können zugeschrieben, während Mißerfolge auf das Konto der »äußeren, widrigen Umstände« gehen. Laute haben oft das Bedürfnis, ihre Fähigkeiten und Werte anderen mitzuteilen, damit auch jeder sofort weiß, mit wem er es zu tun hat. Dieser überzogenen Selbstdarstellung liegt häufig der Wunsch zugrunde, von allen anderen anerkannt und geschätzt zu werden.

Der Stoff, aus dem die »vermeintlichen« Helden, die überzogen Selbstsicheren, sind, setzt sich in Wahrheit aus Unsicherheit und Minderwertigkeitsgefühlen zusammen. Es ist das Bemühen, die eigenen Schwächen zu überspielen, nach außen hin stark und anerkennenswert zu erscheinen. Man schafft sich Fassaden, mit denen man anderen imponieren will (vgl. Teil II, Kap. »Angst vor der Nähe«, S. 44). Daß man dabei eigene Interessen auf Kosten anderer durchsetzt, bemerkt man häufig nicht. Solange man von seinen Mitmenschen viel Aufmerksamkeit erhält, jegliche Interessen und Bedürfnisse durchsetzen kann, wird man sich nicht ändern.
Neben dieser offensichtlichen Überheblichkeit und Arroganz gibt es noch das andere Extrem, von dem sich die Selbstsicherheit

abgrenzen läßt, und zwar die *bewußte Untertreibung*, das sogenannte »understatement«. Diese gespielte Selbsterniedrigung ist wiederum nur ein Mittel, um bei Mitmenschen Widerspruch und bekundete Wertschätzung gegenüber der eigenen Person zu entlocken.

➽ Überheblichkeit, Arroganz und gezielte Untertreibung unterscheiden sich entschieden von realer Selbstsicherheit. Sie stellen nicht die Ziele dar, die dieses Buch vermitteln will, werden jedoch allzu leicht, insbesondere von unsicheren Menschen mit Selbstsicherheit verwechselt. Wer nur auf Kosten anderer seine Ansprüche befriedigt, darf nicht als selbstsicher bewertet werden.
Denn ... es sind nicht immer die Lauten stark ...

Selbstsicherheit ist Selbstbewußtsein

Selbstsicherheit ist nicht gleichzusetzen mit rücksichtslosem Durchsetzen eigener Interessen.
Selbstsicherheit äußert sich nicht in aggressivem Verhalten, Egoismus oder Arroganz.
Selbstsicherheit ist ein Persönlichkeitsmerkmal, das verschiedene Verhaltensweisen und Einstellungen umfaßt. Es kommt immer im sozialen Zusammenhang zum Ausdruck, das heißt, die Achtung der Rechte und Interessen der Mitmenschen ist die Voraussetzung selbstsicheren Verhaltens.

Um der Bedeutung des Begriffs näherzukommen, gehen wir zunächst vom Wort selbst aus. Selbst-Sicherheit bedeutet Angstfreiheit, und zwar in bezug auf das eigene Können und Verhalten: Ich habe *keine Angst* beziehungsweise *kaum Angst*. Ich traue mir selbst die Bewältigung von Problemen zu, denen ich auf Grund meiner Fähigkeiten gewachsen sein müßte. Dazu muß ich meine Fähigkeiten kennen und richtig einschätzen, das heißt mir ihrer bewußt sein.

- Selbstsicherheit ist Selbstbewußtsein, und
- Selbstsicherheit ist Selbstvertrauen.

Wer (nahezu) angstfrei lebt beziehungsweise mit Ängsten umgehen kann, ist in der Lage, sein Leben weitestgehend nach seinen eigenen Wünschen und Vorstellungen zu gestalten. Ziele und Lebensinhalte werden – soweit möglich – selbst bestimmt und nicht vom Zufall,

Schicksal oder vom Handeln der Mitmenschen abhängig gemacht. Jeder bleibt verantwortlich für sein eigenes Wohlergehen.

- Selbstsicherheit beinhaltet Selbstbestimmung und Selbstverantwortung.

Wer sein Leben selbst bestimmt, wird seine Interessen und Bedürfnisse – je nach den sozialen Lebensumständen – auf seine Weise verwirklichen.

- Selbstsicherheit beinhaltet Selbstverwirklichung.

Der Begriff der Selbstsicherheit beinhaltet oft *souveränes*, das heißt unabhängiges, selbstbestimmendes Verhaltens. Auch der Begriff der »Zivilcourage« wird häufig synonym verwendet. Hier trifft besonders der Mut, für die eigene Überzeugung einzutreten, auf beide gemeinsam zu. Insgesamt ist es jedoch wichtig, daß alle aufgeführten Aspekte von Selbstsicherheit immer im sozialen Zusammenhang gesehen werden, das heißt, die Wahrnehmung eigener Rechte darf die der anderen nicht entscheidend verletzen.

- Selbstsicheres Verhalten wahrt die Rechte der Mitmenschen.

Wenn die Rechte der Mitmenschen beachtet werden sollen, kann nicht jedes Verhalten zum Erfolg, zur unbedingten Durchsetzung eigener Interessen und Bedürfnisse führen. Angestrebt wird selbstsicheres Verhalten, nach ANNEKEN eher ein »Sicheinbringen in Situationen«. Jeder Durchsetzungsversuch gilt bereits als Schritt zur Selbstsicherheit.

- Selbstsicheres Verhalten in Form eines »Sicheinbringens in eine Situation« muß nicht immer zur Durchsetzung der eigenen Interessen führen.

Der Begriff der Selbstsicherheit, der in diesem Buch zugrunde gelegt wird, orientiert sich an der Definition von ULLRICH & ULRICH DE MUYNCK. Danach umfaßt Selbstsicherheit folgende drei Aspekte:

1 Ich habe das Recht, eigene Vorstellungen und Bedürfnisse zu haben!

Daß jemand eigene Rechte und Bedürfnisse haben und verwirklichen kann, setzt voraus, daß er sie sich zuerst einmal zugesteht mit der Formel: »Ich bin es wert, eigene Ansprüche zu haben, das heißt, ich habe ein ausgeprägtes Selbstwertgefühl.« Das Selbstwertgefühl wird unter anderem durch Normen und Erziehungsmaßnahmen der Eltern während der Kindheit geprägt (vgl. Teil II »Ursachen von Selbstunsicherheit«, S. 28ff.).

2 Ich habe den Mut, meine Ansprüche und Forderungen zu äußern!

Zur Selbstsicherheit gehört weiterhin, daß keine Ängste und Hemmungen bestehen, Ansprüche anzumelden und Forderungen zu stellen.

3 Ich bin fähig, meine Interessen und Bedürfnisse angemessen durchzusetzen!

Vor allem kommt es darauf an, eigene Interessen und Bedürfnisse auch angemessen durchzusetzen, ohne die der anderen zu verletzen. Dazu gehören bestimmte Fähigkeiten und Fertigkeiten wie zum Beispiel Kontakte knüpfen, Kritik äußern usw. (vgl. Teil III, »Selbstsicherheitstraining«, S. 48 ff.).

Die eben aufgeführten drei Punkte spiegeln sich in bestimmten Einstellungen und Verhaltensweisen eines Menschen wider, die mehr oder weniger sichtbar werden. Manchmal sind es »nur« der Gesichtsausdruck oder die Körperhaltung, die die Unsicherheit eines Menschen ausdrücken; manchmal beobachtet man offensichtlich angstbesetzte Verhaltensweisen.

Mangelnde Selbstsicherheit kann bestimmte Beschwerden beziehungsweise Symptome im körperlichen und seelischen Bereich verursachen. *Folgeerscheinungen* der Selbstunsicherheit sind:

- **Im seelischen Bereich:**
  Unzufriedenheit, Unausgeglichenheit, Nervosität, Reizbarkeit ...

- **Im körperlichen Bereich:**
  Muskuläre Verspannungen, Schlafstörungen, Magenbeschwerden, Kopfschmerzen, Schweißausbrüche, Herzklopfen, Beklemmungen, erhöhter Blutdruck, Schwindelgefühle.

Bedenken Sie zudem, daß auch Fehlverhaltensweisen wie starkes Rauchen, übermäßiges Essen oder übermäßiger Alkoholgenuß auf Selbstunsicherheit schließen lassen. Vielleicht hilft Ihnen dieser Hinweis, sich selbst besser einzuschätzen.
Selbstunsicherheit ist kein schicksalhaftes Phänomen, das Ihnen ein Leben lang anhängen muß. Wie Sie in Teil II dieses Buches sehen werden, wird selbstunsicheres Verhalten unter anderem durch bestimmte Erfahrungen und Erziehungsmethoden während der Kindheit geprägt.

Bevor Sie jedoch versuchen, das Entstehen Ihrer Selbstunsicherheiten und Ängste zu verstehen, sollten Sie eine kurze Bestandsaufnahme machen, feststellen, in welchen Bereichen beziehungsweise Situationen Sie sich selbstunsicher fühlen.
Es geht nicht darum, alle jene Situationen aufzuführen, in denen Sie lediglich ein ungutes Gefühl haben oder nicht sofort erkennen, wie Sie sich verhalten sollen. Jeder Mensch – auch der selbstsichere – kommt in Situationen, in denen er sich nicht immer heimisch fühlt und sich zuerst einmal neu orientieren und zurechtfinden muß. Jeder Mensch kennt das Unbehagen, wenn eine schwierige oder unangenehme Aufgabe bevorsteht. Wer von sich behauptet, nie unsicher zu sein und jede Herausforderung auf Anhieb zu meistern, ist vermutlich arrogant oder überschätzt sich selbst.

Bei der Beantwortung des folgenden Fragebogens sollten Sie sich also erforschen:

- Fühlen Sie sich *öfter* in diesen oder ähnlichen Situationen unsicher und ängstlich?
- Fühlen Sie sich *während* oder *nach* der Situation in Ihrem seelischen und/oder körperlichen Befinden stark beeinträchtigt?
- Befassen Sie sich bereits vorher häufig gedanklich immer wieder mit der Situation/Aufgabe? Können Sie an nichts anderes mehr denken (sogenannte *Erwartungsängste*)?

Im folgenden Fragebogen ist die Selbstunsicherheit in sieben Bereiche (vgl. auch ULLRICH & ULLRICH DE MUYNCK, S. 124) unterteilt, und zwar:

1. generelle Unsicherheit/Angst,

2. geringes Durchsetzungsvermögen,

3. mangelndes Selbstwertgefühl/Selbstvertrauen,

4. Kontaktschwierigkeiten,

5. keine Kritik äußern oder annehmen können,

6. nicht nein sagen können,

7. überzogene Rücksichtnahme gegenüber anderen Menschen.

Lesen Sie die einzelnen Fragen in Ruhe durch. Überlegen Sie jedoch nicht zu lange, sondern kreuzen Sie spontan die Antwort an, die auf Sie am ehesten zutrifft. Ihnen stehen bei der Beantwortung jeweils drei Ankreuzmöglichkeiten zur Verfügung, und zwar können Sie wählen zwischen »häufig«, »manchmal« und »nie«.

Kreuzen Sie bitte in folgendem Fragebogen die für Sie zutreffende Antwort an, und rechnen Sie für jeden der sieben Bereiche gesondert Ihre Punkte zusammen.

FRAGEBOGEN ZUR SELBSTUNSICHERHEIT

1 Generelle Unsicherheit/ Angst	**häufig** 2	**manchmal** 1	**nie** 0
Ich entschuldige mich für mein Verhalten.			
Neuen Aufgaben fühle ich mich nicht gewachsen.			
Ich fühle mich unsicher und ängstlich.			
Man kann mich schnell aus dem Konzept bringen.			
Wenn ich an eine bevorstehende Situation denke, verunsichert mich das, und ich habe Angst, daß etwas schiefgeht.			
	Gesamtergebnis:		

2 Geringes Durchsetzungsvermögen			
Meine Interessen und Bedürfnisse kann ich nur schwer durchsetzen.			
Bei Meinungsverschiedenheiten gebe ich schnell nach.			
Wenn mich jemand im Satz unterbricht, höre ich sofort auf zu reden.			
Wenn sich jemand in einer Schlange vordrängelt, sage ich nichts.			
Ich spreche leiser als meine Gesprächspartner.			
	Gesamtergebnis:		

	häufig	manchmal	nie
	2	1	0
3 Mangelndes Selbstwertgefühl/Selbstvertrauen			
Ich habe den Eindruck, daß andere Leute alles besser können als ich.			
Ich mache mir im nachhinein viele Gedanken darüber, daß ich etwas falsch gemacht haben könnte.			
Ich traue mir die Bewältigung neuer Aufgaben nicht zu.			
Ich treffe ungern Entscheidungen.			
Es ist mir unangenehm, wenn ich gelobt werde.			
	Gesamtergebnis:		
4 Kontaktschwierigkeiten			
Es fällt mir schwer, neue Leute kennenzulernen.			
Ich fühle mich allein und einsam.			
Ich weiß nicht, worüber ich mich mit anderen Menschen unterhalten soll.			
Ich wechsle die Straßenseite, um jemandem nicht zu begegnen.			
Die meisten Menschen kenne ich nur oberflächlich.			
	Gesamtergebnis:		
5 Keine Kritik geben beziehungsweise annehmen können			
Ich bin schnell verletzt, wenn ich kritisiert werde.			
Wenn ich mich über andere Menschen ärgere, schlucke ich den Ärger hinunter.			

Ich habe Angst, andere zu verletzen, wenn ich sie kritisiere.			
Es fällt mir schwer, meine Gefühle zu äußern.			
Andere Menschen mögen mich nicht, wenn sie mich kritisieren.			
	Gesamtergebnis:		
6 Nicht nein sagen können			
Ich kann anderen Menschen eine Bitte nur schwer abschlagen.			
Auch wenn ich keine Zeit habe, versuche ich, anderen zu helfen.			
Ich fühle mich überlastet dadurch, daß ich Kollegen/Mitmenschen die Arbeit abnehme.			
Ich habe Angst, daß mich andere nicht mehr mögen, wenn ich ihnen eine Bitte abschlage.			
	Gesamtergebnis:		
7 Überzogene Rücksichtnahme			
Ich muß mein Verhalten anderen gegenüber rechtfertigen.			
Bei Streitigkeiten bin ich der/die erste, der/die nachgibt.			
Ich achte sehr darauf, was andere Menschen über mich denken.			
Ich lasse anderen Menschen öfter den Vortritt.			
	Gesamtergebnis		

Auswertung

Sie zählen für jeden der sieben Bereiche die Punkte zusammen. Wenn Sie mehr als vier Punkte in einem Bereich erhalten haben, sollten Sie im III. Teil des Buches nachschlagen, was Sie tun können, um selbstsicherer zu werden. Markieren Sie diese Aussagen mit einer besonderen Farbe.

II Ursachen von Selbstunsicherheit

Anlage oder Umwelt

»Du bist eben von Natur aus ängstlich, da kann man nichts machen.« Viele Eltern erklären auf diese Weise die Unsicherheit ihrer Kinder. Was steckt hinter dieser Bemerkung? Bei den meisten sicherlich die Auffassung, daß Unsicherheit und Ängstlichkeit – oder allgemeiner ausgedrückt – bestimmte Eigenschaften angeboren sind. Viele Eltern glauben, daß sie ihre Anlagen ihren Kindern weitervererben, und fühlen sich in ihrer Einschätzung dadurch bestärkt, daß sie manche ihrer Eigenschaften bei ihren Kindern wiederfinden: »Die Ängstlichkeit und Unsicherheit hat meine Tochter von meiner Frau«, ist eine typische Äußerung eines Vaters. »Wie die Eltern, so die Kinder« oder »Der Apfel fällt nicht weit vom Stamm« lauten Redewendungen, die die Entstehung von Eigenschaften erklären sollen. Damit wird gleichzeitig unterstellt, daß sich diese Eigenschaften relativ unabhängig von Umwelteinflüssen und Lernerfahrungen herausbilden. Jegliche Verantwortlichkeit für die Charakterprägung wird dadurch verneint. Was soll man schon tun, wenn sich das Kind als ängstlich erweist. »Da kann man ja nichts machen!« Man hält die Veränderbarkeit von Verhaltensmustern für ausgeschlossen. Passivität und Veränderungspessimismus kennzeichnen diese Haltung.

Zu den Persönlichkeitstheorien, die von der Annahme ausgehen, daß man Eigenschaften erbt, gehören u.a. die *Trieblehre* von SIGMUND FREUD und *verschiedene Konstitutions- und Charaktertypologien (*KRETSCHMER, JUNG u.a.). KRETSCHMER geht zum Beispiel davon aus, daß ein Zusammenhang zwischen Körperbau und bestimmten Verhaltens- und Persönlichkeitsmerkmalen besteht. Er unterteilt die Menschen nach ihrem Körperbau und weist ihnen damit bestimmte Temperamentsstrukturen zu. Demnach müßten alle unsicheren Menschen den gleichen oder zumindest einen ähnlichen Körperbau haben – eine Theorie, die der alltäglichen Erfahrung nicht standhalten kann.

Den Gegenpart zu den anlageorientierten Theorien bilden die *Lerntheorien.* Der Erbanlage wird hier keine beziehungsweise nur geringe Bedeutung zugeschrieben, wenn es um die Erklärung von bestimmten Eigenschaften geht. Dem Veränderungs*pessimismus* der Anlagetheorien (Ererbtes kann nicht beziehungsweise nur in geringem Ausmaß verändert werden) steht der Veränderungs*optimismus* der Lerntheorien gegenüber. Ihr Grundsatz ist: Der Mensch hat sein Verhalten erlernt; folglich kann er es auch wieder verlernen. Störende und unangemessene Verhaltensweisen werden verändert und neue Verhaltensweisen wiederum erlernt.

Die Annahme der Lerntheorien, aus der folgt, daß Selbstunsicherheit kein anlagebedingter und damit schicksalhafter, sondern ein erworbener und damit veränderbarer Zustand ist, lege ich auch diesem Buch zugrunde. Hier werden Chancen zur Veränderbarkeit von Verhaltensweisen und Einstellungen aufgezeigt. Die Therapieerfolge der auf den Lerntheorien beruhenden Verhaltenstherapie unterstützen diese zuversichtliche Annahme.

Die persönliche Lerngeschichte

LERNPRINZIPIEN

Ursachen für Fehlverhalten und Fehleinstellungen liegen in ungünstigen Verhaltens- und Erlebensweisen. Diese werden meist durch Erfahrungen erlernt und können allgemein durch Prozesse des Neulernens, Verlernens oder Umlernens verändert werden.
Bezogen auf Selbstunsicherheit beziehungsweise Selbstsicherheit bedeutet dies:

- Selbstunsichere Verhaltensweisen und Einstellungen sind erlernt worden und können wieder verlernt werden.
- Selbstsicherheit und Selbstbewußtsein können aufgebaut werden.
- Um ein Verhalten, das heißt in diesem Fall selbstunsicheres Verhalten, zu verändern, muß den Lernursachen nachgegangen werden.

- Die Ursachen für Selbstunsicherheit liegen in ungünstigem Erleben und Verhalten, in der persönlichen Entwicklung und Lerngeschichte eines Menschen.

Bevor ich diesen wahrscheinlich auch für Ihr Problem verantwortlichen Ursachen nachgehe, möchte ich darstellen, unter welchen Umständen und Bedingungen es zu Lernprozessen kommt.

Lernprozesse setzen in frühester Kindheit ein. Es gibt heute Forschungsansätze, die den Einfluß bestimmter Faktoren sogar während der pränatalen (vorgeburtlichen) Phase untersuchen. So wird das Kind im Mutterleib bereits unterschiedlichen Einflüssen ausgesetzt. Diese spielen für die Entwicklung des Kindes eine wichtige Rolle. Ob sich die Mutter entspannt und mit Freude auf die Geburt des Kindes vorbereiten kann, oder ob sie sich während dieser Zeit unter Streß (z.B. Angst, Überlastung oder seelischen Konflikten) befindet – diese Erfahrungen teilen sich bereits dem Ungeborenen mit. Mütter, die ihre Kinder ablehnen, also eine ungewollte Schwangerschaft durchmachen, übertragen ihre Abwehrgefühle oft auf ihre Kinder. Dies wirkt sich nach der Geburt ungünstig auf die Entwicklung der Kinder aus: Sie sind zum Teil unruhiger, schreien häufiger usw.
Die nachhaltigsten Lernprozesse finden während der Kindheit und der Entwicklung zum Erwachsenen statt. Hier wollen wir die einzelnen Entwicklungsschritte insbesondere unter dem Aspekt der Entstehung von Ängstlichkeit und Selbstunsicherheit betrachten.

Jedes Kind ist von Natur aus neugierig und hat ein aktives Bedürfnis zu lernen. Der Säugling beginnt bereits kurze Zeit nach der Geburt, seine Umgebung und sich selbst zu erforschen und Erfahrungen zu sammeln. Mit zunehmendem Alter und Entwicklungsstand ist er zu differenzierteren Lernschritten in der Lage. Zum einen bildet sich beim Kind das Bewußtsein von sich selbst, die Wahrnehmung der eigenen Person, immer mehr heraus. Zum anderen wird die Umwelt immer differenzierter, immer vielseitiger wahrgenommen. Mit zunehmenden Fähig- und Fertigkeiten wächst das Selbstvertrauen des Kindes seiner sozialen Umwelt gegenüber. Die anfangs sehr enge Mutter-Kind-Beziehung wird lockerer; das Kind erlebt bei einer normalen Entwicklung zunehmend die eigenen Stärken und Fähigkeiten und baut seinen eigenen Lebensbereich immer weiter aus. Wissensdurst und Neugier allen Dingen des Lebens gegenüber

sind wichtige Voraussetzungen für eine normal verlaufende Entwicklung.
Angst und Unsicherheit bilden sich meistens erst auf Grund ungünstiger Bedingungen und negativer Lernerfahrungen heraus. Doch gibt es bestimmte Gegebenheiten und Situationen, die beim Kind Angst auslösen, ohne daß schlechte Erfahrungen vorausgegangen sein müssen. So zeigen Säuglinge von Geburt an beispielsweise bei bestimmten Umweltreizen, wie lauten Geräuschen, Schmerzen oder Hilflosigkeit (z.B. durch plötzliche Lageänderung), Angstreaktionen. Im Alter von sechs bis acht Monaten entsteht bei Säuglingen die Angst vor Fremden; sie sind dann in der Lage, fremde von bekannten Personen zu unterscheiden. Die Angst vor Dunkelheit, Einsamkeit oder Feuer tritt in der Regel erst vom zweiten Lebensjahr an auf.

► Es gibt also durchaus von schlechten Erfahrungen unabhängige Ängste, die sich bei jedem Säugling beziehungsweise Kind mit einem gewissen Alter und Entwicklungsstand einstellen, die sozusagen »angelegt« sind.

Diese Ängste bleiben aber nicht lebenslänglich bestehen, sondern können durch Erfahrungen wieder abgebaut werden. Dies verdeutlicht, daß man Angst nicht als schicksalhaften Zustand hinnehmen muß, Ängste sind überwindbar; man kann auch lernen, mit ihnen umzugehen. Nicht immer ist es möglich und auch nicht sinnvoll, einen vollkommen angstfreien Zustand zu erreichen. Denn ein vollkommen angstfreier Zustand kann zu Sorglosigkeit und Unvorsichtigkeit verleiten.
Zum richtigen Umgang mit Ängsten und Unsicherheiten gehört jedoch, die zugrundeliegenden Lernprozesse zu verstehen und herauszufinden, welche psychosozialen Faktoren ihre verhängnisvolle Rolle bei der Entstehung von Selbstunsicherheit spielen.

Die wichtigsten Lernprinzipien sind:

1. das Reiz-Reaktions-Lernmodell (sogenannte »klassische« Konditionierung),

2. das Lernen durch Verstärkung (sogenannte »operante« Konditionierung),

3. das Lernen durch Beobachtung.

❶ DAS REIZ-REAKTIONS-LERNMODELL

Beispiel:

Mark ist sieben Jahre alt. Er hat eine ausgeprägte Angst, zum Arzt zu gehen. Bereits beim Anblick des weißen Kittels wehrt er sich mit Händen und Füßen, bekommt Weinkrämpfe und Atemnot. Angefangen hatten die Angstzustände ein Jahr zuvor beim ersten Besuch beim Zahnarzt. Schon von früh an war ihm von den Eltern ein Zahnarztbesuch angedroht worden, wenn er sich nicht regelmäßig die Zähne putzen würde. Also lernte er bereits beizeiten, daß der Besuch beim Zahnarzt etwas Schlimmes bedeutet, vor dem man auf jeden Fall Angst haben muß. Selbst die Eltern jammerten jedesmal, wenn ein Zahnarztbesuch fällig war. Die Befürchtungen von Mark bestätigten sich auch von Anfang an. Der Zahnarzt war ein recht rauher Mann, einsilbig und ernst. Mark mochte ihn vom ersten Moment an nicht leiden. Zuerst preßte Mark den Mund ganz fest zusammen. Als seine Mutter ihm jedoch einen Extra-Zoobesuch mit anschließendem Eisessen versprach, gab er nach. Er saß ganz angespannt auf dem Stuhl und hielt sich krampfhaft an den Lehnen fest. Er zitterte am ganzen Körper, und die Tränen flossen über die Wangen, als der Zahnarzt sich mit dem Bohrer seinem Mund näherte. Ohne Vorwarnung und jegliche Erklärung bohrte der Zahnarzt ihm ein tiefes Loch in den kranken Zahn. Nur mit Mühe konnte er noch eine Füllung machen, da Mark immer stärkere Weinkrämpfe bekam. – Seit diesem Tag hat Mark panische Angst, zum Zahnarzt zu gehen. Diese Angst weitete sich mit der Zeit auf Arztbesuche generell aus. Heute braucht Mark nur einen weißen Kittel zu sehen, und schon stellen sich Weinkrämpfe ein, und er reagiert panisch.

Man bezeichnet diesen Lernprozeß in der Lernpsychologie als klassisches Lernen (bzw. klassische Konditionierung):

► Unter der *klassischen Konditionierung** versteht man, daß vormals neutrale Reize (z.B. weißer Kittel) mit angstauslösenden Reizen (z.B. Bohrer, Schmerzen) gleichzeitig auftreten und unangenehme Gefühle (Angst) auslösen. Wiederholt sich dieser Vorgang, so kommt es zu Lernprozessen, das heißt, auf die Dauer reichen die vormals neutralen (jetzt konditionierten) Reize aus, um Angst auszulösen.

Manchmal genügt es im Alltag schon, wenn wir bestimmte Dinge, die wir in angstbesetzten oder unangenehmen Situationen wahrgenommen haben, wieder in anderen Situationen vorfinden, um die gleichen unangenehmen Gefühle hervorzurufen.

* Der Vorgang der klassischen Konditionierung ist hier etwas vereinfacht dargestellt.

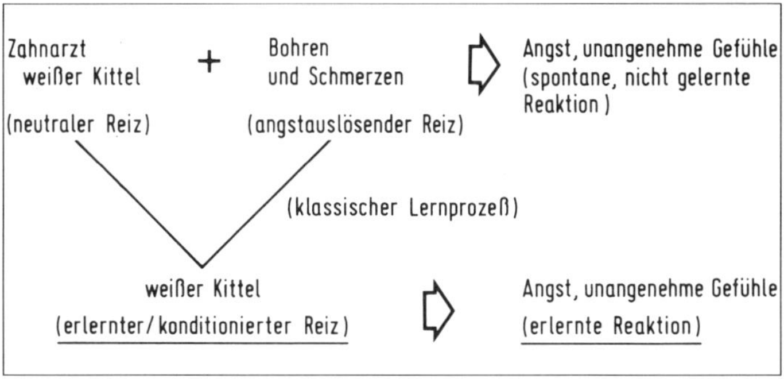

Abb. 2: Klassische Konditionierung

Es muß nicht immer panikartige Angst aufkommen, wie es bei den sogenannten *Phobien* der Fall ist (Phobie = panikartige Angst, die von psychovegetativen Beschwerden wie z.B. Schweißausbrüchen, Herz-, Kreislauf- oder Atembeschwerden begleitet wird; z.B. Raumängste, Angst, über weite Plätze oder Brücken zu gehen, Dunkelangst usw.). Viele Menschen fühlen sich verunsichert, wenn sie beispielsweise bestimmte Merkmale an Menschen wahrnehmen, die für sie mit unangenehmen (oft unbewußten) Erinnerungen und Erfahrungen verbunden sind: Kleidung, Uniform, Frisuren, bestimmte Gesten, Ausdrucksweisen einer Person usw.

Eine Phobie gedeiht meistens auf dem Boden von Selbstunsicherheit und einer generell ängstlichen Haltung. Aus diesem Grund sollte die Therapie einer Phobie immer die Behandlung der Angst an sich *und* eine Stärkung der Selbstsicherheit umfassen. Die erfolgreichste Veränderungsmethode einer Phobie ist die *»Systematische Desensibilisierung«*, in der in kleinen Schritten eine Entängstigung des Betroffenen von einer bestimmten Gegebenheit/Situation angestrebt wird. (Siehe Kap. »Angst und Unsicherheit überwinden lernen«, S. 57ff.). Umfassende Literaturhinweise zur Selbsthilfe finden Sie im Literaturverzeichnis (s. S. 124) bei den Autoren BRENNER und HENNENHOFER/HEIL.

Neben dem klassischen Lernen gibt es noch das Lernen durch Verstärkung, auch Lernen am Erfolg genannt.

❷ DAS LERNEN DURCH VERSTÄRKUNG

Viele Verhaltensweisen werden erlernt, indem sie auf irgendeine Weise *verstärkt*, das heißt »belohnt« werden.

Eine Belohnung kann unterschiedlich ausfallen:

- Eltern geben ihrem Kind *ein Bonbon*, wenn es folgsam und brav war.
- Ein Kind erfährt die *Aufmerksamkeit* und Bewunderung seiner Spielkameraden, wenn es besonders mutig oder lustig ist.
- Der Schüler erhält ein *Lob* oder eine *gute Note* für eine vollbrachte gute Leistung in der Schule.

Verhaltensweisen, die in irgendeiner Weise belohnt werden, treten in Zukunft häufiger auf, ihre Auftretenswahrscheinlichkeit wird erhöht. Mit der Zeit verfestigen sich diese Verhaltensweisen und werden in das persönliche Verhaltensrepertoire eines Menschen übernommen. Am günstigsten ist der Lernprozeß, wenn die Belohnung *unmittelbar* auf ein Verhalten hin erfolgt.

► Beim Lernen durch Verstärkung unterscheidet man zwei verschiedene Arten, und zwar
a) die **positive** Verstärkung und
b) die **negative** Verstärkung.

Werden selbstunsichere Verhaltensweisen positiv verstärkt beziehungsweise belohnt, so übt man sie in Zukunft häufiger aus, und sie werden erlernt. Wie kommt es aber dazu, daß selbstunsichere Verhaltensweisen von manchen Eltern belohnt werden, zumal sie eigentlich ja unerwünscht sind?

Das folgende Beispiel liefert eine entsprechende Erklärung:

Lisa, vier Jahre alt, versucht ihrem Vater bei der Gartenarbeit zur Hand zu gehen. Als sie mit der Harke Laub zusammenharken möchte, schaut der Vater besorgt zu und nimmt ihr, als es nicht sofort gelingt, die Harke aus der Hand mit den Worten »Laß mich das mal machen, du kannst das ja doch nicht!« Diese Erfahrung macht Lisa mehrmals am Tag. Immer, wenn sie im Haushalt helfen möchte und ein paar erfolglose Versuche startet, schreiten die Eltern ein, und Lisa darf nur noch zuschauen. Mit der Zeit traut sich das Kind immer weniger zu und wird immer vorsichtiger dabei, wenn es darum geht, neue Dinge auszuprobieren.
Lisa wird also von ihren Eltern darin bestärkt, ängstlich und unselbständig zu bleiben. Zudem wird ihr unsicheres Verhalten durch die Eltern belohnt, indem sich diese Lisa besonders in solchen Momenten zuwenden.

Ähnliche Beispiele lassen sich auch in Partnerschaften finden:

- Da gibt es den Ehemann, der seiner Frau keine technischen Fähigkeiten zutraut und ihr deshalb alles abnimmt, oder
- die Ehefrau, die umgekehrt ihrem Mann keine Hausarbeit zubilligt, weil sie Angst hat, daß er etwas falsch macht.

Neben der direkten, positiven gibt es noch die Form der indirekten, *negativen Verstärkung*. Wenn wir das Beispiel der vierjährigen Lisa noch einmal aufnehmen, so kann Lernen durch negative Verstärkung folgendermaßen aussehen:
Lisa weicht auf Grund ihrer negativen Erfahrungen einer neuen schwierigen Situation aus, um unangenehme Konsequenzen (Kritik der Eltern, Frustration durch Mißerfolgserlebnisse) zu vermeiden. Lisa lernt, daß sie durch Ausweichen schwierigen Situationen und damit den negativen Folgen, also der Bestrafung durch die Eltern, entgehen kann. Deshalb meidet sie in Zukunft Situationen, die für sie neu oder schwierig sind.

❸ DAS LERNEN DURCH BEOBACHTUNG

Ein weiteres wichtiges Lernprinzip stellt das *Lernen am Modell* dar. Viele Verhaltensweisen und Einstellungen werden angenommen, ohne daß irgendeine Art von Verstärkern vorhanden ist. Sie werden durch Beobachtung erlernt.

▶ Menschen beobachten das Verhalten ihrer Mitmenschen und ahmen diejenigen Verhaltensweisen nach, die für sie eindrucksvoll oder wichtig erscheinen.

Modelle sind diejenigen Personen,

- die *Ähnlichkeit* mit der eigenen Person haben (sowohl erscheinungsmäßig als auch auf die Einstellungen und das Handeln bezogen),
- die in irgendeiner Form *wichtig* (mächtig, einflußreich, imponierend) für die Beobachtenden sind, wie zum Beispiel Eltern, Freunde, Idole usw.

Unsichere Eltern haben häufig ängstliche und unsichere Kinder. Dabei werden zum einen bestimmte Fertigkeiten gar nicht erlernt, weil sie bei den Eltern fehlen, sehr schwach ausgebildet sind oder vor den Kindern nicht offen gezeigt werden. Eine kontaktarme Mutter zeigt beispielsweise den Kindern nicht, wie sie auf andere Menschen zugehen und Kontakte herstellen und festigen können. Der Vater,

der sich nicht durchsetzen kann, macht nicht vor, wie man seine Rechte und Interessen angemessen vertritt. Wenn Eltern Konflikte und Probleme immer unter Ausschluß der Kinder austragen und bewältigen, lernen die Kinder keine Strategien zur Konflikt- und Problembewältigung.
Zum anderen übernehmen die Kinder Fehlverhaltensweisen und Fehleinstellungen ihrer Eltern, indem sie sich zum Beispiel ängstlich und unsicher verhalten, sich im Beisein fremder Menschen zurückziehen oder der Einstellung folgen, daß »man immer bescheiden und zurückhaltend sein soll und sich niemals in den Vordergrund drängeln darf«.
Auch ausweichende Verhaltensweisen wie die Ersatzhandlungen werden häufig durch Beobachtungslernen erworben. Kinder beobachten an ihren Eltern, daß diese nach Belastungen, bei Problemen usw. zur Zigarette, zu Süßigkeiten oder zum Alkohol greifen, um sich Entlastung und Befriedigung zu verschaffen, und übernehmen später dieses Verhalten. Sie lernen, daß es scheinbar einfacher ist, Probleme erst einmal zu verdrängen, als sich ihnen zu stellen. Sehen Eltern in ihrer Freizeit häufig fern, besteht auch bei Kindern der Trend, ihre Freizeit ähnlich zu gestalten.

► Süchte sind häufig die Folge und der Ausdruck von Selbstunsicherheit und Minderwertigkeitsgefühlen.

Eltern sind jedoch nicht die einzigen Bezugspersonen, von denen Kinder Verhalten und Einstellungen übernehmen. Mit zunehmendem Alter kommen andere Personen dazu (Lehrer, Freunde, Politiker, Idole, Sekten), die ihr Leben beeinflussen.

Problematisch wird es dann, wenn Menschen Verhaltensweisen von Vorbildern übernehmen, aber selbst nicht über deren Fertigkeiten oder Fähigkeiten verfügen. Zudem können nicht alle Verhaltensweisen, die beim Modell als angemessen und imponierend erscheinen, unkritisch übernommen werden, da dasselbe Verhalten in einer anderen Situation vielleicht künstlich oder unangemessen wirkt und deswegen von den Mitmenschen mißbilligt wird. Man setzt sich dem Spott oder sogar den Antipathien der Umwelt aus.

►► Aus diesem Grund ist es auch schwierig, gültige Verhaltensrezepte zu geben. Konkrete Anweisungen und Benimmregeln können nie die Besonderheiten der Situation und der Umgebung berücksichtigen. Nicht immer ist zum Beispiel Ellenbogentaktik gefragt, um sich durchzusetzen; und nicht immer führt lautstarker Protest zum erwünschten Ziel, auch wenn es Fälle gegeben hat, in denen gerade diese Mittel »Wunder« wirkten.

ERZIEHUNGSSTILE

Wie bereits aus den letzten Beispielen (s. S. 32 u. S. 34) deutlich wurde, haben Eltern als die engsten Bezugspersonen einen besonderen Einfluß auf die persönlichen Lernerfahrungen ihrer Kinder.
In diesem Zusammenhang stellt sich die Frage, ob bestimmte Erziehungsstile das Erlernen selbstunsicherer Verhaltensweisen und Einstellungen begünstigen. Erziehung zur Unsicherheit und Unselbständigkeit ist sicherlich nicht das Ziel von Eltern, wenn sie ihre Kinder anleiten und versuchen, sie nach ihren Vorstellungen zu formen.

Viele Erwachsene meinen, daß sie nur das »Beste« für ihre Kinder tun, wenn sie sie über die Maßen beschützen und behüten und alle Probleme von ihnen fernhalten. Nach dem Motto »Das Kind soll es besser haben als wir« räumt man dem Kind alle Hindernisse aus dem Weg. Man bezeichnet diesen Erziehungsstil als überbeschützend oder im Fachjargon »overprotecting«.

Beispiel:

Ein typisches Opfer dieses Erziehungsstils ist Marion. Marion hat gerade ihr Abitur gemacht und beschließt nun, in einer anderen Stadt ein Studium zu beginnen. Die Eltern haben für sie bereits eine Wohnung gemietet, sich um den Umzug gekümmert und die anfallenden organisatorischen Angelegenheiten in die Hand genommen.
Als Marion die ersten Tage allein in der Wohnung verbringt, fühlt sie sich hilflos und verlassen. Sie ist nicht dazu in der Lage, die einfachsten Aufgaben selbst zu erledigen. An der Universität erlebt sie sich in den überfüllten Vorlesungen als verloren und unglücklich. Die Einsamkeit und Hilflosigkeit wachsen von Tag zu Tag, bis Marion panikartig die Koffer packt und mit dem nächsten Zug nach Hause fährt. Deprimiert gesteht sie sich ein, daß sie es nicht geschafft hat, ohne die Hilfe ihrer Eltern zurechtzukommen.

Der überbeschützende Erziehungsstil wird also im extremen Fall zu Lebensunfähigkeit führen. Im einzelnen kann es zu folgenden Beeinträchtigungen der Entwicklung kommen:

- Kinder lernen bestimmte soziale Fertigkeiten nicht wie Sich-Durchsetzen, Kritik-Üben, Frustrationen-Ertragen, Kompromisse-Eingehen-Können.
- Manche Kinder werden unsicher und ängstlich und haben wenig Vertrauen in ihre eigenen Fähigkeiten. Minderwertigkeitsgefühle entstehen.

- Es kommt zum sogenannten »Sonntagskind-Effekt«. Da das Kind verwöhnt wird und nur erfolgreiche Ereignisse kennt, reagiert es hilflos auf Mißerfolgserlebnisse. Das Streben in Richtung auf ein Ziel und entsprechendes Durchhaltevermögen fehlen.

► Der *überbeschützende* (»overprotecting«) *Erziehungsstil* führt oft zu mangelndem Selbstvertrauen, verhindert das Erlernen bestimmter sozialer Fertigkeiten und behindert besonders die Entwicklung von Durchsetzungsfähigkeit. Im Jugendlichen- und Erwachsenenalter wirken sich die Mängel so richtig aus, wie das Beispiel von Marion zeigt.

Auch das Gegenteil der überbeschützenden Erziehungsmethode kann ungünstige Auswirkungen auf die Entwicklung des Kindes haben. Es handelt sich hier um Erziehungsstile, die den Kindern jeglichen Freiraum lassen und ihnen nicht die Orientierung mitgeben, welches Verhalten angemessen und erwünscht ist und welches nicht. Zugegeben, die »Erwünschtheit« eines bestimmten Verhaltens unterliegt immer gesellschaftlichen Normen und sollte kritisch auf ihre Sinnhaftigkeit untersucht werden. Trotzdem hat es problematische Folgen, wenn soziale Fähigkeiten und Fertigkeiten nicht bewußt unterstützt und verstärkt werden.

► Man bezeichnet diese eher lässige Methode als *»Laissez-faire«-Erziehungsstil* (laissez-faire = machen lassen). Die Auswirkungen dieser Praxis auf die kindliche Entwicklung ähneln paradoxerweise den oben bei der überbeschützenden Erziehung aufgezeigten:

  - Bestimmte soziale Fertigkeiten (Kritik üben, sich durchsetzen usw.) werden nicht gezielt erlernt.
  - Kinder erhalten keine oder nur geringe Orientierung, welche Verhaltensweisen und Einstellungen sich im Kontakt mit anderen Menschen als günstig und zweckmäßig erweisen.

Erziehungsmethoden, die in eine extreme Richtung tendieren, schaffen also keine günstigen Voraussetzungen für die Entwicklung von bestimmten sozialen Fertigkeiten und für die Ausbildung eines gesunden Selbstbewußtseins. Es ist wichtig, dem Kind sowohl ein angemessenes Ausmaß an Orientierung zu geben, als auch seine Selbständigkeit und Selbstverantwortung zu fördern.

➽ Als günstiger Erziehungsstil hat sich die *demokratische Erziehungsmethode* erwiesen. Hier vermittelt man dem Kind Richtlinien für angemessenes soziales Verhalten, so daß es lernt, an welchen gesellschaftlichen Regeln und Normen es sich orientieren kann. Es wird im Laufe der Entwicklung aber auch angehalten, selbständig Entscheidungen zu treffen und für sein Verhalten Verantwortung zu übernehmen.

Dieser Erziehungsstil fördert die Entwicklung von Selbstbewußtsein und Durchsetzungsfähigkeit.
Während Erziehungsstile nach außen hin sozusagen »offen« liegen und beobachtbar sind, verbergen sich hinter ihnen oft bestimmte Einstellungen und Normen. Es ist manchmal nicht ganz einfach, diese verdeckten Einstellungen zu erkennen, zumal sie für den Betroffenen oft unbewußt sind. Im folgenden Kapitel geht es darum, einige dieser Normen und Verhaltensregeln vorzustellen. Vielleicht treffen manche auf Sie zu?

FALSCHE RÜCKSICHTSNAHME – GESELLSCHAFTLICHE NORMEN

»Dir ist es wichtiger, wie die Leute auf die Dinge reagieren als die Dinge selbst. Doch gerade die sind das Wesentliche.«
KÖRNER, H., »Johannes«

Beispiel:

»Der Lärm ist ja nicht mehr auszuhalten!« denkt Frau Schumann bei sich. Fast jeden Tag um die Mittagszeit stellt ihr Nachbar die Musik auf volle Lautstärke. Meistens hat sich Frau Schumann gerade hingelegt, da ein anstrengender Vormittag hinter ihr liegt und sie sich während der kurzen Mittagspause erholen möchte. Eigentlich müßte sie sich beim Nachbarn über den Lärm beschweren, jedoch viele Befürchtungen und Ängste halten sie davon ab wie »Was wird der Nachbar über mich denken, wenn ich mich bei ihm beschwere? Sicherlich werde ich nach einem solchen Gespräch nicht mehr mit ihm auskommen; und ich muß doch schließlich noch länger in diesem Haus mit ihm zusammen wohnen. Vielleicht hält er mich auch für beschränkt, für egoistisch oder überempfindlich, wenn ich mich von seiner Musik gestört fühle? ...«

Fragen und Befürchtungen, mit denen sich unsichere und ängstliche Menschen oft plagen! Die Wertschätzung anderer Menschen ist für sie besonders wichtig, weil sie sich selbst gegenüber eine negative Einschätzung haben. Sie hoffen, ihre Minderwertigkeitsgefühle und ihr geringes Selbstbewußtsein abbauen oder vermindern zu können, indem sie von ihren Mitmenschen Anerkennung erheischen. Deshalb beschäftigen sie sich ständig mit deren Erwartungen, ihre eigenen stellen sie in den Hintergrund.

Im folgenden werde ich einige dieser Einstellungen und Rücksichtnahmen unsicherer Menschen aufführen und die Gedanken aufzeigen, die sich dahinter verbergen. Es sind oft sehr starre und extreme Normen und Verhaltensschranken, die dem einzelnen nicht mehr bewußt sind, ihn im Verhalten, Denken und Fühlen jedoch sehr stark behindern.

❶ Ich darf meine Mitmenschen nicht kritisieren oder ihnen gegenüber negative Gefühle (Ärger, Enttäuschung, Neid usw.) äußern.
Nicht ausgesprochene Gedanken:

- Seinen Mitmenschen gegenüber darf man nur positive Dinge sagen.
- Sie mögen mich nur dann, wenn ich immer nett und freundlich bin. Ich habe Angst, daß sie mich nicht mehr mögen, wenn ich sie kritisiere.

❷ Man soll immer bescheiden und zurückhaltend sein.
Nicht ausgesprochene Gedanken:

- Man soll sich nicht in den Vordergrund stellen.
- Es gehört sich nicht, sich selbst zu loben oder etwas Positives über sich selbst anderen mitzuteilen.

❸ Wenn ich meine Interessen und Bedürfnisse durchsetze, spricht daraus purer Egoismus.
Nicht ausgesprochene Gedanken:

- Egoismus ist immer etwas Negatives.
- Eigene Interessen und Bedürfnisse sollten immer hinter denen anderer Leute zurückstehen.

❹ Meine Gefühle (positive und negative) äußere ich anderen gegenüber nicht.
Nicht ausgesprochene Gedanken:

- Wer sagt, was er fühlt, verrät zuviel von sich selbst.
- Gefühle preiszugeben bedeutet, anderen Menschen Schwachstellen von sich aufzuzeigen.

❺ Man sollte Autoritätspersonen (Eltern, Vorgesetzten, Polizisten usw.) nicht widersprechen, ihren Anordnungen nicht zuwiderhandeln.
Nicht ausgesprochene Gedanken:

- Es bleibt nichts anderes übrig als zu akzeptieren, was Autoritätspersonen fordern.

- Wenn ich widerspreche oder meine eigene Meinung äußere, bin ich selbst schuld an der Katastrophe (werde ich z. B. dafür bestraft).

Neben der Erziehung zur Zurückhaltung, Bescheidenheit und Autoritätsgläubigkeit gibt es noch gesellschaftliche Normen, die insbesondere Leistungsbewußtsein und Schönheitsideale betonen:

❻ Nur wer sich in der heutigen Gesellschaft durchsetzt und viel leistet, wird anerkannt und geschätzt.
Nicht ausgesprochene Gedanken:

- Wenn ich in meinem Beruf nicht der/die Beste bin, bin ich nichts wert und werde nicht geschätzt.
- Nur wenn ich mich gut verkaufe und immer meine(n) Mann/Frau stehe, werde ich anerkannt.
- Nur Leistung verdient Anerkennung und Wertschätzung.

❼ Nur wer attraktiv und schön ist, wird gemocht.
Nicht ausgesprochene Gedanken:

- Wer zu klein, zu dick geraten ist oder in anderer Hinsicht nicht den gesellschaftlichen Schönheitsidealen entspricht, erwirbt sich keine oder weniger Zuneigung seiner Mitmenschen; er ist minderwertig.

Es gibt sicherlich noch viele derartige Einstellungen und Verhaltensregeln, die Menschen im zwischenmenschlichen Bereich hindern, ihre Interessen und Bedürfnisse durchzusetzen und selbstsicher aufzutreten. Ein Hauptfehler besteht bei den negativen Gedanken darin, daß sie nicht ausgesprochen, weder kritisch durchdacht noch diskutiert werden und deshalb nicht auf ihre Stichhaltigkeit hin überprüft werden können.

Dazu kommt, daß selbstunsichere Menschen häufig zu hohe Ansprüche an sich selbst stellen. In ihren Verhaltensnormen orientieren sie sich an den derzeit gefragten Persönlichkeitsmerkmalen. Ob diese Vorstellungen immer sinnvoll und erstrebenswert sind, sei dahingestellt. In Frage stellen oder zumindest nüchtern betrachten sollte man sie auf jeden Fall, wie es zum Beispiel PHILIP G. ZIMBARDO mit folgender Äußerung tut:

➽ *»Schüchterne Menschen sind typisch für eine Kultur, die persönlichem Erfolg und Durchsetzungsvermögen zuviel Bedeutung zumißt. Die beste Therapie für Schüchternheit ist daher nicht die Veränderung von Menschen, sondern die Korrektur von Normen.«*

ERZIEHUNG ZUR MÄNNLICHKEIT BEZIEHUNGSWEISE WEIBLICHKEIT

»Ich bin, seit ich was von mir weiß,
auf Kraft und Siegen programmiert.
Im Sagen groß. Das Herz zumeist
auf breite Schultern reduziert.

KONSTANTIN WECKER, Lied vom Mannsein

Der *Mann* muß seinen Mann stehen. Er erweise sich als stark, unabhängig und durchsetzungsfähig. Ihm kommt es zu, neue Aufgaben entschlossen anzugehen, Hindernisse aus dem Weg zu räumen, sich über Schwierigkeiten hinwegzusetzen und sich dem gesellschaftlichen Wettbewerb zu stellen. Auf, auf in den Kampf; Tränen und Unsicherheit sind nicht gefragt. Wer zum *»starken«* Geschlecht gehören will, darf nicht verletzlich sein, muß seine Überlegenheit ständig unter Beweis stellen.

Die *Frau* wird zur »Weiblichkeit« erzogen. Bescheidenheit sei ihre Zier. Sie soll zart, verletzlich und gefühlsbetont sein. Sie bemühe sich, stets attraktiv und schön zu sein. Ihr sei es gestattet, sowohl sanft und zärtlich zu reagieren als auch Gefühle wie Zweifel, Enttäuschung oder Traurigkeit zu zeigen. Anlehnungsbedürfnis zeichnet sie aus. Die Frau gilt als das *»schwache«* Geschlecht.

Was soll die Beschreibung überzogener stereotyper Rollenverteilungen der Vergangenheit? Im Zeitalter der Emanzipation und Selbstverwirklichung scheinen einseitige Geschlechterrollen überholt zu sein. Aber gibt es wirklich keine Erziehung zur Weiblichkeit oder Männlichkeit mehr?
Auch wenn Jungen heute weinen dürfen – solange sie noch klein genug sind – und Mädchen den Zugang zur Modell-Eisenbahn entdeckt haben, werden immer noch unterschiedliche Erziehungspraktiken, je nach Geschlecht des Kindes, angewandt. Dies beginnt schon recht früh. So wurde beispielsweise beobachtet, daß sechs Monate alte männliche Babys weniger häufig auf den Arm genommen und gestreichelt werden als weibliche Babys. Ebenso akzeptieren oder fördern viele Eltern gar bei ihren Söhnen aggressives Reagieren. »Wehr dich, setz dich durch« sind Aufforderungen zum selbstbewußten und wehrhaften Verhalten. Jungen dürfen, sollen sogar miteinander raufen, sollten möglichst nicht weinen oder Ängstlichkeit ausstrahlen. Nichts trifft manchen Jungen so hart, wie als Mädchen bezeichnet zu werden.

Erziehung zur Selbständigkeit, Selbstachtung und Durchsetzungsfähigkeit scheint in vielen Familien noch den Jungen vorbehalten zu bleiben, während bei Mädchen eher Zurückhaltung, Sicherheitsstreben und Anpassungsfähigkeit akzeptiert oder gar gefördert werden. Es hat sich jedoch gezeigt, daß extreme Erziehungstendenzen – sei es die Erziehung zur Härte und Aggressivität oder zur betonten Zurückhaltung und Anlehnungsbedürftigkeit – nicht der angestrebten Vorstellung eines verantwortungsbewußten, selbstsicheren Menschen entgegenkommen. Sowohl überzogene Aggressivität und Überheblichkeit als auch Ängstlichkeit und Zurückhaltung bieten keine Voraussetzungen für ein selbstsicheres, selbstbewußtes Handeln, Denken und Fühlen.
Es ist heute kein Zeichen besonderer seelischer Gesundheit mehr, wenn der Mann »männlich« und die Frau »weiblich« ist, wie Sandra Lipsitz Bem feststellt. Sie vertritt die Auffassung, daß Menschen ihre Handlungs- und Ausdrucksmöglichkeiten erweitern und bei der Bewältigung neuer Situationen selbständiger werden, wenn sie von starren Geschlechterrollen – von biologischen Aspekten einmal abgesehen – befreit werden.

➽ Das herkömmliche Rollenverständnis kennt sowohl wünschenswerte sogenannte »weibliche« (z.B. sensibel, verständnisvoll, weich) als auch angestrebte sogenannte »männliche« Eigenschaften (z.B. selbstsicher, energisch).

Nun orientiert sich unsere leistungsbetonte, auf Ellenbogendenken ausgerichtete Gesellschaft vorwiegend an den »männlichen« Idealen, die bereits ins Negative tendieren: Konkurrenzdenken, Risikofreude und Egoismus werden kräftig unterstützt. Das nimmt Frauen, besonders nach »weiblichen« Kategorien erzogenen, viele Lebenschancen und führt zu Unsicherheit und Minderwertigkeitsgefühlen. Aber auch Männer scheitern oft an der künstlichen Norm, bezahlen mit dem Verlust des Selbstbewußtseins. Die einmal gelernten Rollenbilder werden ins Erwachsenenalter mitgenommen. Sie führen nicht nur zu Anpassungsdruck, sondern ihnen ist es auch zuzuschreiben, wenn traditionell erzogene Männer offensive und selbstbewußte Frauen nicht akzeptieren und »typische« Frauen nur an Männern Gefallen finden, die ein hartes, kämpferisches Naturell entwickelt haben.
Man könnte noch viele geschlechtsstereotype Einstellungen anführen, die die Entwicklung von Ausgeglichenheit und damit von Selbstsicherheit beeinträchtigen. Wer sich dieser oft unbewußten Normen bewußt wird und sie überprüft, hat schon einen wichtigen Schritt zum selbstbewußten und selbstverantwortlichen Handeln getan.

ANGST VOR DER NÄHE

»Nähe ist das, was zwischen Menschen entsteht, die beisammen sind und nichts gegen sie tun.«
WOLFGANG SCHMIDBAUER

Beispiel:

Seit drei Jahren lebt Werner in einem Studentenheim. Obwohl er viele Bekannte hat, denen er häufig einen kurzen Besuch abstattet, und auf jede Feier geht, zu der er eingeladen wird, fühlt er sich isoliert. In den drei Jahren lernte Werner zwar einige Mädchen kennen, die ihm anfangs recht gut gefielen. Als die Beziehungen jedoch enger wurden und von seiten der Partnerinnen erste Zukunftspläne geschmiedet wurden, zog sich Werner panikartig zurück und beendete die Beziehungen unter irgendwelchen Vorwänden.
Werner spürt, daß ein tiefer liegendes Problem die Ursache für sein Handeln ist, merkt aber, daß er damit allein nicht zurechtkommt. Als er mit der Zeit immer stärker unter seinem Alleinsein leidet, wendet er sich schließlich an eine Beratungsstelle. Dort werden in mehreren therapeutischen Gesprächen die Gründe für seine Probleme aufgedeckt.
Es handelt sich bei Werners Reaktionen um die Angst, engere Beziehungen zu anderen Menschen einzugehen. Diese Angst vor der Nähe ist durch das Verhalten der Eltern verursacht, die ihre Gefühle nie vor den Kindern offen zeigten und Probleme und Konflikte stets vor ihnen verbargen. Da die Ehe der Eltern scheiterte, als Werner zehn Jahre alt war, litt er seitdem stark unter der Trennung vom Vater. So stellt die Angst vor der Nähe gleichzeitig eine Angst vor Trennung von einer engen Bezugsperson dar. Werner »schützt« sich vor befürchteten Trennungsgefühlen, indem er sich trennt, bevor die Bindung enger geworden ist.

Menschen, die Angst vor der Nähe haben, teilen ihren Mitmenschen nur sehr wenig von dem mit, was in ihnen vorgeht. Sie verbergen ihre Gefühle und Gedanken, so daß ihre Mitmenschen nicht wissen, woran sie bei ihnen sind, und verunsichert werden. Sie werden als distanziert und unverbindlich erlebt. So fällt es manchen Menschen zwar leicht, Kontakte anzuknüpfen, aber wenn es darum geht, Beziehungen zu vertiefen, ziehen sie sich zurück und halten sich auf Distanz. Was hindert sie, ihre Gefühle offen zu zeigen und über ihre wahren Wünsche und Vorstellungen zu sprechen?
Offensichtlich versprechen sie sich *Vorteile* von ihrem Verhalten, und zwar

- Gefühl der Freiheit und des Schutzes,
- keine Schwäche preisgeben müssen, nicht angreifbar sein,
- Vermeidung von Konflikten und Enttäuschungen.

Man sucht Schutz hinter fassadenhaftem Verhalten. Dahinter steckt die Angst, wenn man die wahren Gefühle und Gedanken äußert, abgelehnt, verletzt oder nicht verstanden zu werden und die Anerkennung der Mitmenschen zu verlieren.
Die *Nachteile* von diesem fassadenhaften Verhalten stellen sich meist erst langfristig ein:

- Distanz, Kontaktarmut,
- Entfremdung von sich selbst, mangelnde Selbstentfaltung,
- überhöhtes Mißtrauen gegenüber den Mitmenschen,
- verminderte Lebensqualität,
- psychovegetative beziehungsweise psychosomatische Beschwerden und Erkrankungen (z.B. Herzinfarkt).

Menschen, die Angst vor der Nähe haben, verstecken sich hinter ihren Rollen (im Beruf), hinter bestimmten Klischees und Normen. Sie verhalten sich so, wie »man« sich verhält, passen sich dem normgerechten Verhalten an und versuchen, den Erwartungen ihrer Mitmenschen zu entsprechen (Folge: z.B. nicht nein sagen können). Wenn andere ihnen zu nahe treten, ziehen sie sich schnell in ihr Schneckenhaus zurück, um nicht ihren Schutzpanzer und Schutzraum und damit die vermeintliche Kontrolle zu verlieren. Manche befürchten, daß enge Gefühlsbeziehungen auch eine Einengung und Kontrolle ihres Lebensraumes bedeuten. Andere vermeiden eine enge Beziehung, weil sie Angst vor einer Trennung haben.

Wie kann man nun lernen, Nähe zum Mitmenschen herzustellen, ohne sich völlig zu offenbaren oder den eigenen persönlichen Lebensraum zu gefährden?
Einige Hinweise und Selbsthilfemöglichkeiten finden Sie im Teil III (Kap. »Kontakte aufnehmen und vertiefen lernen«, S. 87ff.).

SELBSTBESTIMMUNG ODER FREMDBESTIMMUNG

oder: Wenn das Schicksal es so will ...
»Über Ihre Zukunft machen Sie sich überflüssige Sorgen. Sie unterschätzen Ihre Möglichkeiten! Am 23. dieses Monats tritt ein unvorhergesehenes Ereignis ein, das Ihnen Glück bringt.«

Gehören Sie auch zu den Horoskoplesern, die allwöchentlich ihr Schicksal mit Spannung in den Zeitschriften verfolgen? »Wie ergeht's mir wohl diese Woche? Ob die Sterne es diesmal gut mit mir meinen?« sind die Gedanken und Erwartungen mancher Horoskopgläubigen. So wie äußere Geschehnisse nicht der eigenen Beeinflußbarkeit unterliegen, lassen sich nach Auffassung dieser Menschen auch das persönliche Befinden und Wohlergehen anscheinend nicht nach eigenem Belieben steuern. Dies trifft auch auf manche selbstunsichere Menschen zu, die die Einstellung pflegen: »Ich bin eben ängstlich und unsicher und habe keine Kontakte. Es ist halt mein Schicksal, allein zu leben. Da kann man nichts machen.« Gegen eine solche Auffassung ist selbst ein Horoskop machtlos …

Abb. 3: Aberglaube

Sagen Sie jetzt nicht, der Glaube an das Schicksal sei in der heutigen Zeit überholt. Es gibt noch viele, die ihr Glück dem Zufall (Lottospieler) und äußeren Gegebenheiten (Horoskop, abergläubische Gesetzmäßigkeiten) überlassen und selbst wenig tun, um Mißstände und ähnliches zu beseitigen.

► Im Fachjargon nennt man diese Einstellung *externale* (äußere) *Kontrolle*. Wer »external kontrolliert« ist, glaubt, daß unbeeinflußbare Ereignisse (Glück, Schicksal, Zufall usw.) das Leben bestimmen.

- ▶ »*Internal*« kontrollierte Menschen setzen dagegen voraus, daß ihr Wohlergehen vom eigenen Handeln und Denken abhängt und gesteuert wird.

Es hat sich gezeigt, daß internal kontrollierte Menschen sich eher verändern und neue Verhaltensweisen lernen können als external kontrollierte.

➽ Legen Sie Voraussagen und Prophezeiungen Dritter zur Seite! Diese bestimmen dann nicht mehr über Ihre Lebensgestaltung. Nehmen Sie die Verantwortung für Ihre weitere Entwicklung selbst in die Hand! Diese Selbstverantwortung ist die Voraussetzung für ein neues Selbstbewußtsein!
Nur wer davon ausgeht, an seinem Zustand selbst etwas ändern zu können, hat eine Chance, sein künftiges Befinden zu beeinflussen und selbstsicher und selbstbewußt zu werden.

III Das Selbstsicherheitstraining

Günstige Voraussetzungen

Sie ist allseits gefragt, verschafft Vorteile, verbessert den Umgang mit anderen Menschen, erleichtert berufliche Erfolge und wirkt sich positiv auf die seelische und körperliche Verfassung eines Menschen aus. Kurz gesagt, sie verbessert unsere Lebensqualität. Gemeint ist die unauffällige, die durch Ruhe überzeugende Selbstsicherheit. Je nach Ausprägung hat sie einen mehr oder weniger günstigen Einfluß auf den persönlichen Lebensweg eines Menschen. Es besteht wirklich keine Notwendigkeit, daß Sie stets gegenüber anderen zurücktreten, daß Sie Ihre Unzufriedenheit durch Suchtverhalten wie Rauchen, Alkoholmißbrauch, Eßzwang, Idolschwärmerei, Fernsehzwang, Kauftrieb, Sektiererei usw. überdecken!

» Immerhin gibt es effektive Wege, um selbstsicher zu werden. Das in diesem Buch dargestellte verhaltenstherapeutisch orientierte Selbstsicherheitstraining zeigt Ihnen, wie selbstsichere Verhaltensweisen und Einstellungen Schritt für Schritt erlernt werden können.

Von den zahlreichen Konzepten zum Erlernen von Selbstsicherheit sind wenige langfristig erfolgreich. Ein gutes Modell zum Erlernen von Selbstsicherheit sollte für den Betroffenen verständlich, einsichtig und nachvollziehbar sein. Es sollte ein breit gefächertes Spektrum von Anregungen zu selbständigem Handeln enthalten und Stabilität fördern.
Das verhaltenstherapeutische Modell zum Erlernen von selbstsicherem Verhalten und Erleben erfüllt die Erwartungen vieler Betroffener. Es ist bekannt unter der Bezeichnung *»Selbstsicherheitstraining«*.

Ehe ich zum eigentlichen Modell komme, sollen Sie günstige Voraussetzungen für das Erlernen von Selbstsicherheit kennenlernen und für sich erwägen. Da es sich nämlich bei Selbstunsicherheit weitgehend um *soziale Angst* handelt, können betroffene Menschen Selbstsicherheit nicht isoliert einüben. Sie sind auch auf die Mitmenschen und deren Reaktionen angewiesen. Natürlich kann man sich mit der gewohnten täglichen Umgebung konfrontieren. Aber mehr Gewinn zieht man unter Umständen aus der Teilnahme an einem Selbstsicherheitstraining in einer Gruppe mit Gleichbetroffenen unter fachlicher Leitung (z.B. durch einen Diplom-Psychologen). Selbstsicherheitstrainingsprogramme werden in Volkshochschulen, Familienbildungsstätten, Gesundheitsberatungsstellen usw. angeboten. Der Anschluß an eine Gruppe erleichtert Ihnen, unsicheres Auftreten zu erkennen und abzulegen sowie neue selbstbewußte Verhaltensweisen und Einstellungen einzuüben und zu festigen.

➽ Kurz gesagt ist es sinnvoll, ein Selbstsicherheitstraining in einer Gruppe mit Gleichbetroffenen unter der Anleitung eines Fachmannes durchzuführen.

Dieses Buch hilft Ihnen,

- selbstunsicheres Verhalten aufzuzeigen,
- die persönlichen Ursachen zu finden,
- einen Anstoß zur Veränderung zu bekommen,
- Veränderungsmöglichkeiten kennenzulernen
- und Selbsthilfetechniken einzuüben.

Haben Sie sich zu einem Kursbesuch entschlossen, so benutzen Sie dieses Buch als Begleittext zu einem Selbstsicherheitstraining.
Berücksichtigen Sie bei der Durchführung eines Kurses, daß sich verfestigte Verhaltensweisen nicht von heute auf morgen verlernen lassen und neue Verhaltensweisen der Einübung bedürfen. Selbstsicherheit ist eine Fertigkeit, die eingeübt und trainiert werden muß – ähnlich wie beim Erlernen einer Sprache. »Erst Übung macht den Meister.«

➽ Bringen Sie für das Training *Geduld* mit! Sie haben sich bislang Zeit gelassen, um selbstunsichere Verhaltensweisen und Einstellungen zu verfestigen. So können Sie nicht innerhalb kurzer Zeit eine Wandlung durchsetzen.

Wie das Wort »Training« bereits deutlich macht, ist Ihre *aktive Mithilfe* gefragt. Jede Veränderung setzt die Motivation des Betroffenen zur Veränderung und seine Mithilfe voraus.

Das verhaltenstherapeutische Veränderungsmodell

An dieser Stelle ein paar Worte zur Theorie; sie dient uns zum Verständnis des anschließend folgenden Selbstsicherheitstrainings. Die Verhaltenstherapie basiert auf den Lerntheorien, die Sie bereits in Teil II (Kap. »Die persönliche Lerngeschichte«, S. 29ff.) kennengelernt haben. Die Verhaltenstherapie geht von folgenden Ihnen wohl inzwischen geläufigen Grundannahmen aus:

- Verhaltensweisen und Einstellungen werden im Laufe der Entwicklung erlernt.
- Verhaltensweisen und Einstellungen können wieder verlernt werden. Neue (hier: günstige) Verhaltensweisen und Einstellungen sollen erlernt werden.

Bezogen auf die Entstehung und Veränderbarkeit von Selbstunsicherheit bedeutet dies:

- Selbstunsichere Verhaltensweisen und Einstellungen sind im Laufe der persönlichen Lerngeschichte angenommen worden. Sie können wieder verlernt und selbstbewußtes Verhalten und Erleben kann neu aufgebaut werden.

Das verhaltenstherapeutische Veränderungskonzept umfaßt folgende Schritte:

VERHALTENSTHERAPEUTISCHES VERÄNDERUNGSMODELL

1. Selbstbeobachtung
2. Verhaltensanalyse
3. Veränderungsansätze

Sie beginnen mit der Selbstbeobachtung:

Es geht also zuerst einmal darum festzustellen, in welchen Situationen und unter welchen Bedingungen Sie sich unsicher und ängstlich verhalten beziehungsweise fühlen. Sie führen während einer Woche jeden Tag ein Beobachtungsprotokoll, in dem Sie die Situationen notieren, in denen Sie sich unwohl oder ängstlich gefühlt haben und mit Ihrem eigenen Verhalten nicht zufrieden waren. Beschreiben Sie zuerst die Situation (d. h. Personen oder bestimmte Gegebenheiten).

Notieren Sie dann Ihr Verhalten, und versuchen Sie anschließend, Ihre Gefühle und Empfindungen aufzuschreiben, die Sie in dieser Situation gespürt haben. In der letzten Spalte können Sie Ihre Selbstgespräche, Einstellungen und Gedanken notieren (z.B. »Ich wußte schon vorher, daß es mir nicht gelingen würde, meine Forderungen durchzusetzen«).

BEOBACHTUNGSPROTOKOLL		Datum:	
Situation	**sichtbares Verhalten**	**Gefühle, Empfindungen**	**Selbstgespräche Gedanken, Einstellungen**
Beispiel: Frühstückspause mit Kollegen am Arbeitsplatz (Kantine)	Ich setze mich zu meinen Kollegen und schweige.	Ich fühle mich ausgeschlossen, unsicher.	Heute kann ich wieder nicht mitreden. Was die anderen wohl von mir denken? Sicher halten sie mich für einen sturen Außenseiter und dulden nur meine Anwesenheit …
....	....	....	....
....	....	....	....
....	....	....	....
....	....	....	....
....	....	....	....
....	....	....	....

Mit Hilfe dieser Beobachtungsprotokolle, die Sie sieben Tage lang führen, verschaffen Sie sich einen Überblick über die Situationen, in denen Sie sich unsicher und unwohl fühlen. Diese Liste ist jedoch noch unvollständig; es fehlen zum einen diejenigen Situationen, die während der Beobachtungswoche nicht aufgetreten sind, und zum anderen diejenigen Situationen, die Sie vermieden haben, um befürchtete unangenehme Erfahrungen zu umgehen. Sie können diese Liste aus dem Gedächtnis vervollständigen und den Fragebogen zur Selbstunsicherheit (S. 25) zu Hilfe nehmen, in dem Sie weitere typische Situationen finden, in denen selbstsicheres Verhalten und Erleben eine wichtige Rolle spielen.

Anschließend führen Sie Ihre ganz persönliche Verhaltensanalyse durch. Die Verhaltensanalyse zeigt die Bedingungen auf, unter denen selbstunsicheres Verhalten entsteht. Indem Verhaltensabläufe systematisch in ihre Bestandteile zerlegt werden, werden Ursachen und Wirkungen selbstunsicherer Verhaltensweisen sichtbar, die bisher nicht offensichtlich oder bewußt waren. So machen sie zum Beispiel Einstellungen und Normen deutlich, die Ihr Handeln beeinflussen. Indem diese versteckten Einstellungen aufgeschrieben werden, werden sie bewußt gemacht und sind dann veränderbar.

Man unterscheidet folgende Aspekte bei einem Handlungsablauf:

1. **S**ituation	Gegebenheiten, Verhalten anderer Personen, Reize usw., die unsicheres Verhalten und Erleben auslösen
2. **E**instellungen	Einstellungen, Normen, Erwartungen, Gedanken usw., die das Verhalten und Erleben beeinflussen
3. **G**efühle	Gefühle der Unsicherheit und Ängstlichkeit
4. **O**rganismus	Körperliche Reaktionen wie zum Beispiel Anspannung, Zittern, Schweißausbrüche
5. **R**eaktion	Unsicheres Verhalten in Handlungen, Gestik, Mimik, Sprache
6. **K**onsequenz	Auswirkung des unsicheren Verhaltens – auf die eigene Person: Selbstunsicherheit wird stärker; – auf den Mitmenschen: Mitmenschen halten sich zurück, da viele selbstunsichere Menschen nach außen hin reserviert und kühl wirken.

Abb. 4: Die sechs Phasen eines Handlungsablaufs

An einem Beispiel möchte ich die Verhaltensanalyse veranschaulichen:

Situation: Feier; viele Leute sind anwesend.

→ **Einstellung, Erwartung:** Ich lerne bestimmt wieder niemanden kennen. Ich werde mich bestimmt wieder allein fühlen und keinen Anschluß finden. Andere Menschen haben keine Lust, auf mich zuzukommen, um mich kennenzulernen.

→ **Gefühle:** Resignation, Einsamkeit

Körperliche Reaktion: Schweißausbrüche, Anspannung

→ **Reaktion:** Ich setze mich abseits von den anderen und beobachte sie.

→ **Konsequenz:** Ich fühle mich in meinem Denken bestätigt; mein Selbstwertgefühl sinkt weiter. Andere Menschen meiden mich, wie vorausgesagt!

Sie können mit Hilfe dieser Analyse erkennen, unter welchen vorausgehenden Bedingungen selbstunsicheres Verhalten (= Reaktion) in dieser Situation ausgelöst wurde und welche Auswirkung wiederum dieses Verhalten auf die eigene oder auf andere Personen haben kann. Dabei möchte ich noch einmal herausstellen: Selbstunsicherheit muß nach außen hin nicht immer in Erscheinung treten. Betont überhebliches oder distanziert kühles Verhalten lassen manchmal auf Selbstunsicherheit schließen.

▶ Weiterhin wird deutlich, daß jede neue negative Erfahrung, die ein selbstunsicherer Mensch macht, wiederum seine Minderwertigkeitsgefühle verstärkt. So ist es nicht verwunderlich, daß unangenehme und schwierige Situationen in Zukunft gemieden werden. Dieses Vermeidungsverhalten wird sogar belohnt, auch wenn dies nur vorübergehend Erleichterung bringt: Wer eine Situation meidet, kann in diesem Moment keine negativen Erfahrungen sammeln.

Die Verhaltensanalyse macht also Verhaltensabläufe transparent. Indem Bedingungen für das Entstehen von Selbstunsicherheit erkannt werden, werden gleichzeitig Ansatzpunkte zur Veränderung deutlich. Ordnet man die wichtigsten Bedingungen und Ursachen, wie sie bereits im II. Teil aufgezeigt wurden, in das oben dargestellte verhaltenstherapeutische Modell ein und leitet daraus entsprechende Veränderungsansätze ab, so erhält man einen Überblick über einzelne Schritte des verhaltenstherapeutischen Selbstsicherheitstrainings:

VERHALTENSTHERAPEUTISCHES VERÄNDERUNGSMODELL VON SELBSTUNSICHEREM VERHALTEN UND ERLEBEN	
Situationsbeschreibung	**Veränderungsmöglichkeiten**
Welche Situationen/Anlässe lösen selbstunsicheres Erleben und Verhalten aus?	Umgang mit schwierigen Situationen üben nach dem Prinzip der schrittweisen Entängstigung:
• Andere Personen (Vorgesetzte, Partner usw.), die – Forderungen stellen, – Kritik äußern, – Interessen, Bedürfnisse vorbringen.	• Abbau der körperlichen Angst mit Hilfe eines Entspannungsverfahrens
• Probleme, Schwierigkeiten	• Erstellen von Hierarchielisten (angstbesetzte Situationen werden nach ihrem Schwierigkeitsgrad geordnet)
• Psychosoziale Veränderungen (z. B. Orts- oder Berufswechsel)	• schrittweise Gewöhnung an angstbesetzte Situationen
• Überforderung durch Privatleben oder Beruf	• Vermeidung von Überforderung
Einstellung, Erwartung	**Veränderungsmöglichkeiten**
Welche Fehl-Einstellungen, Erwartungen, Normen begünstigen/verursachen unsicheres Verhalten?	Veränderung von irrationalen Gedanken, Einstellungen, Normen; Erlernen realistischer Einstellungen.
• Gedanken: – Wenn ich jemandem eine Bitte abschlage, mag dieser mich nicht mehr leiden.	• Abbau des überhöhten Anspruchsniveaus • Aufbau des Selbstwertgefühls

– Man muß immer sein Bestes geben, sonst wird man nicht anerkannt. – Man sollte mit anderen nicht über seine Gefühle sprechen. – Wer sich in den Vordergrund stellt oder lobt, ist überheblich. – Ich bin eben nichts wert. ● Gefühle: Unsicherheit, Ängstlichkeit, Enttäuschtsein, Minderwertigkeitsgefühle, Versagens- und Hilflosigkeitsgefühle, Einsamkeit, Ärger, Unzufriedenheit.	● Rational-emotive Therapie (Ellis) ● Sonstige Therapieansätze wie Entspannungs- und Körpertherapie, Bewegungstherapie Bewußtseins- und Phantasieübungen
Organisches/Körperliches Beginden	**Veränderu^ngsmöglichkeiten**
● Psychovegetative Beschwerden wie Schweißausbrüche, Atembeschwerden, Zittern, Verspannungen	● Entspannungsverfahren, Körpertherapien (Konzentrative Bewegungstherapie, Bioenergetik, Feldenkrais), Bewegungstherapie
Verhalten	**Veränderungsmöglichkeiten**
● Selbstunsicheres Verhalten (Reaktionen): – sich nicht durchsetzen können – nicht nein sagen können – Ärger hinunterschlucken – keine Kontakte anknüpfen und aufrecht erhalten können – keine Gefühle äußern können usw. ● Vermeidungsverhalten ● Ersatzverhalten (Essen, Trinken, Rauchen) ● Selbstunsicherheit in Mimik, Gestik, Körperhaltung	● Verlernen bzw. Korrektur unangemessener Verhaltensweisen ● Einübung neuer selbstbewußter Verhaltensweisen in Therapiegruppen ● Ziel: Selbstbewußtes Verhalten, das den Partner in seinen Rechten und Bedürfnissen angemessen berücksichtigt. ● Veränderungen der Ersatzverhaltensweisen in Gesundheitskursen wie z.B. Schlankheitstraining, Raucherentwöhnungsprogramm usw.
Konsequenzen	**Veränderungsmöglichkeiten**
● Welche Wirkung hat mein Erleben und verhalten a) auf mich b) auf meine Mitmenschen?	● Herabsetzung des Anspruchsniveaus ● Strategien zum Erlangen von Erfolgserlebnissen

Konsequenzen	Veränderungsmöglichkeiten
zu a) Selbstwertgefühl sinkt weiter zu b) Selbstunsicherheit löst bei Partnern negative Reaktionen aus; • Sie distanzieren sich, ziehen sich zurück, üben Kritik oder nutzen unsichere Menschen aus. • langfristige Folge: Vermeidungsverhalten	• Bewußtmachen der langfristigen Konsequenzen von Vermeidungsverhalten

Lassen Sie sich von der Vielzahl der Veränderungsmöglichkeiten nicht verwirren. Nicht jeder Bestandteil des Trainingsprogrammes muß für Sie von Bedeutung sein. Dieses Veränderungsmodell beruht auf dem verhaltenstherapeutischen Ansatz. Die Veränderungsmöglichkeiten und -techniken stammen sowohl aus der Verhaltenstherapie (z.B. Rollenspiel, schrittweise Entängstigung) als auch aus anderen psychotherapeutischen Verfahren oder angrenzenden Bereichen (z.B. Körpertherapien, Rational-emotive Therapie, Transaktionsanalyse usw.).

Jede Veränderung im Verhalten und Erleben eines Menschen bedeutet für den Betroffenen eine Neuorientierung. Alte, verfestigte (z.T. bequemere) Gewohnheiten sollen nun umgestellt und vertraute Denkweisen in Frage gestellt werden.

Bekommen Sie keinen Schreck: Eine Veränderung bedeutet nicht, daß Ihre ganze Persönlichkeit »umgekrempelt« werden soll und Sie plötzlich ein anderer Mensch werden. Veränderung, wie sie in diesem Buch verstanden wird, ist immer als ein schrittweiser Prozeß anzusehen, der ohne Ihre Zustimmung und Mithilfe nicht geschehen kann. Sie können und sollen an jeder Stelle dieses Trainings Teilziele bewerten, das heißt für sich selbst gutheißen oder in Frage stellen und, falls notwendig, nach Ihren Vorstellungen verändern. Dieses Selbstsicherheitstraining schließt immer die Selbstverantwortung und somit auch Selbstkontrolle mit ein. Sie bestimmen die einzelnen Veränderungsschritte und Ziele selbst.

Bevor der praktische Teil beginnt, vergegenwärtigen Sie sich noch einmal die Ziele des Trainings. Zur Erinnerung möchte ich die Definition (vgl. Teil I) des Selbstsicherheitsbegriffes wiederholen:

SELBSTSICHERHEIT

1. Ich habe das Recht, eigene Vorstellungen und Bedürfnisse zu haben.
2. Ich habe den Mut, meine Ansprüche und Forderungen zu äußern.
3. Ich bin fähig, meine Interessen und Bedürfnisse angemessen durchzusetzen.

Wie bereits gesagt, diese Definition von Selbstsicherheit schließt stets die Berücksichtigung der Interessen und Bedürfnisse der Mitmenschen ein.
Doch genug der Theorie. Beginnen Sie nun mit dem Praxisteil.

Einübung von selbstsicherem Verhalten

ANGST UND UNSICHERHEIT ÜBERWINDEN LERNEN

Sie haben ein ungutes Gefühl im Bauch. Ihre Hände sind feucht. Sie laufen unruhig im Zimmer umher. Ihre Überlegungen kreisen immer wieder um ein bestimmtes Thema, obwohl Sie versuchen, die Gedanken beiseite zu schieben. Sie malen sich aus, was schlimmstenfalls alles passieren könnte; Katastrophengedanken tauchen auf. Sie überlegen, wie Sie der Situation aus dem Wege gehen können. Sobald Sie ein wenig ruhiger werden, spüren Sie die Angst noch deutlicher. Sie bemühen sich um Ablenkung, doch die Angst läßt sich nicht verdrängen, sie wird eher stärker.

Angst und Unsicherheit sind Gefühle, die jeder von uns kennt. Sie wirken sich jedoch unterschiedlich aus. Sind sie für den einen Antrieb zum Sich-In-Acht-Nehmen oder zur erhöhten Vorsicht, so können sie für andere zu einer starken Beeinträchtigung der Lebensqualität führen. Sie beengen, machen handlungs- und denkunfähig, führen zu Beschwerden im körperlich-seelischen Bereich eines Menschen und hindern ihn daran, bestimmten Wünschen und Bedürfnissen nachzugehen.
Um die Funktion der Angst zu verstehen, ist es wichtig, ihre ursprüngliche Bedeutung aufzuzeigen. So kam der Angst entwicklungsgeschichtlich eine *Schutzfunktion* in Gefahrensituationen zu: Der Körper reagierte auf den Angstreiz, indem sich der Organismus

innerhalb kürzester Zeit auf einen Zustand höchster Leistungsbereitschaft umstellte: Herz- und Kreislaufsystem wurden aktiviert, die Muskulatur wurde angespannt, Energien für die muskuläre Tätigkeit bereitgestellt usw. Während früher auf die Angstsituation eine körperliche Tätigkeit (Kampf oder Flucht) folgte, in der die bereitgestellten Energien verbraucht wurden, kommt es heute kaum mehr zum Abbau und zur Ausnutzung dieser Leistungsreserven.

Heutzutage sind es meistens soziale Situationen, in denen Ängste entstehen. Die damit verbundene körperliche Höchstleistungsbereitschaft hilft uns jedoch nicht dabei, Konflikte zu lösen, Ärger abzubauen oder problematische Situationen zu bewältigen. Sie bewirkt eher das Gegenteil: Unter Belastungen werden die Denk- und damit auch die Leistungsfähigkeit noch weiter eingeschränkt.

▶ Die entwicklungsgeschichtliche Funktion der Angst, das heißt die Versetzung des Körpers in eine erhöhte Leistungsbereitschaft, hat heute ihre Bedeutung verloren.

Angst hat jedoch noch einen weiteren Vorteil, und zwar die der Warnfunktion. Die Angst dient als *Warnsignal*, das uns daran hindert, uns leichtfertig in Gefahrensituationen zu begeben. Man ist vorsichtig, nähert sich dem Gegenstand der Angst in kleinen Schritten oder entschließt sich, manche Situationen – wenn möglich – zu vermeiden. Angst signalisiert Gefahren und läßt uns Bedrohungen erkennen. Sie kann somit zur Lebenserhaltung beitragen.

▶ Angst wird durch ihre oft lebenserhaltende Funktion wertvoll: Sie warnt vor Gefahren und macht uns vorsichtiger.

Manchen Zeitgenossen sieht man die Angst richtig an: Sie haben einen ängstlichen Gesichtsausdruck, eine geduckte Körperhaltung oder stottern beim Reden. Andere verbergen diese Angst hinter einer Fassade von Kühle und Distanz. Beide Typen leiden jedoch unter den Folgen: Das mögen körperliche Erscheinungen sein wie Nervosität, Schweißausbrüche, Schlafstörungen, Alpträume, Herzbeschwerden, Atembeschwerden bis hin zum Asthma, aber auch Ängste und andere psychische Beschwerden.

Panikartige, von körperlichen Beschwerden begleitete Ängste, die Phobien wie die Klaustrophobie (Angst bei Aufenthalt in geschlossenen Räumen oder Fahrstühlen) oder die Agoraphobie (Angst vor Aufenthalt auf weiten Plätzen), sind nicht Thema dieses Buches, wohl aber Ängste im Umgang und im Kontakt mit anderen Menschen. Der eine hat Begegnungsängste, der andere Sprech- oder Prüfungsängste; wieder ein anderer kapituliert vor neuen Aufgaben und Situationen. Gleichzeitig sind wir »programmiert«, Ängste als etwas Schlimmes anzusehen, über das man nicht spricht oder das man verharmlost. »Stell dich nicht so an!« – »Reiß dich zusammen!« Wir ahnen schon, daß sich die guten Ratschläge in solchen Redewendungen erschöpfen würden. Sie tragen keinesfalls zur Problembewältigung bei, sondern bewirken, daß die Betroffenen nicht darüber sprechen und angstbesetzten Situationen aus dem Weg gehen. Wenn dies nicht möglich ist, greifen manche zu Beruhigungsmitteln wie Tabletten oder Alkohol.

Beispiel:

Herr Trowitz, routinierter Handwerksmeister in mittlerem Alter, verliert durch den Konkurs seines Unternehmens den Arbeitsplatz. Obwohl es jeder Grundlage entbehrt, setzt sich nach dem ersten Schock der Gedanke in ihm fest, es könne ihn eine Mitschuld am schlechten Abschneiden der alten Firma treffen. Zweifel an seiner Qualifikation stellen sich ein, die er früher nie gekannt hat. Hinzu kommt jetzt die diskriminierende Situation als Arbeitsloser. Er fühlt sich unnütz und von der Gesellschaft abgeschrieben. Kaum einer der alten Freunde schaut einmal herein, und an ihren regelmäßigen Unternehmungen kann er sich aus finanziellen Gründen nicht mehr beteiligen. Die Familienmitglieder, Frau und drei heranwachsende Kinder, zeigen ihm, daß ihnen sein Herumsitzen zu Hause auf die Nerven geht.

Herr Trowitz bewirbt sich erfolglos bei mehreren Firmen. Er erntet nur Absagen. Nach rund fünf Monaten und siebzehn vergeblichen Anläufen erhält er wieder eine Chance, sich vorzustellen. Er glaubt inzwischen nicht mehr, daß an ihm noch jemand interessiert sein könnte. Die für ihn demütigende Gesprächssituation macht ihm schon im voraus Angst. Um die Unsicherheit zu bekämpfen, trinkt er Alkohol. Ungepflegt und in einer Stimmung zwischen Gleichgültigkeit und Pessimismus erscheint er zum Vorstellungstermin. Natürlich gelingt es ihm nicht, seine Vorzüge ins rechte Licht zu rücken; er hat ja längst den Glauben an sich selbst verloren. So wird auch diese Gelegenheit wieder zu einem Fehlschlag. Und die Gewißheit, nichts zu taugen, wird verstärkt.

Wie das Beispiel von Herrn Trowitz zeigt, sind es häufig äußere Umstände, ungünstige Lebensereignisse wie Arbeitslosigkeit* oder Scheidung, die Angst und Unsicherheit eines Menschen erst zum Vorschein kommen lassen. So können plötzliche soziale Verände-

---

* Mit dem Thema *Arbeitslosigkeit* und den damit verbundenen psychischen, sozialen und materiellen Problemen setzt sich das Humboldt-Taschenbuch »Arbeitslos – was nun?« auf eine ebenso engagierte wie ungewöhnliche Weise auseinander (Band 597; Autor: Helmut Dittrich).

rungen bei manchen Betroffenen zu Hilflosigkeit und starker Verunsicherung führen, da sie es entweder nicht gelernt haben, sich auf neue Situationen umzustellen, oder sich deren Bewältigung nicht zutrauen (vgl. Kapitel »Negative Gedanken und negative Selbstbeeinflussung verändern«, S. 96 ff.). Minderwertigkeitsgefühle entstehen, die oft noch durch persönliche Schuldzuschreibung (siehe das Reagieren des Herrn Trowitz) und durch ungünstige äußere Bedingungen (z. B. soziale Diskriminierung) verstärkt werden.
Angst und Unsicherheit werden durch Alkohol, Passivität oder Vermeidungsverhalten nicht abgebaut und überwunden, sondern noch größer.

➽ Wer angstbesetzte Situationen meidet, vergrößert dadurch seine Angst.

Zum richtigen Umgang mit der Angst bietet sich für Sie eher der entgegengesetzte Weg an, und zwar die Auseinandersetzung. Das Ziel ist hierbei nicht das Freisein von jeglichen Ängsten, da dann eine wichtige Funktion (Angst als Warnsignal) verlorenginge. Es geht vielmehr darum, Ängste soweit abzubauen, daß sie Sie nicht daran hindern, bestimmten Bedürfnissen und Vorstellungen nachzugehen, und Sie nicht in Ihrer Denk- und Handlungsfähigkeit beeinträchtigen.

➽ Wer sich mit seiner Angst befaßt, kann sie verringern.

Beispiel:

Da Herr Weber sehr erfolgreich in seinem Beruf ist, wird er bereits nach einem Jahr befördert. Zu seinem neuen Tätigkeitsbereich gehört nun auch die Durchführung von Seminaren, in denen er unerfahrene Mitarbeiter des Betriebs auf ihre zukünftige Tätigkeit vorbereiten soll. Während er sich am Schreibtisch sicher und überlegen fühlt und jedes Problem souverän bewältigt, befürchtet er plötzlich, der neuen Aufgabe nicht mehr gewachsen zu sein. Er hat Angst, vor anderen Menschen eine Rede zu halten.
Bereits Wochen vor dem ersten Seminar kann er nicht mehr schlafen. Katastrophengedanken gehen durch seinen Kopf wie »Hoffentlich verliere ich nicht den Faden!« oder »Was passiert, wenn ich eine Frage nicht beantworten kann?« oder »Es ruiniert meine weitere Karriere, wenn ich mich blamiere!«
Er bereitet sich bis ins kleinste Detail auf das Seminar vor. Als es soweit ist, ist er sehr aufgeregt und kann sich vor Nervosität kaum konzentrieren. Sein Körper steht unter starker Anspannung, so daß seine Stimme gepreßt und unsicher klingt. Öfter kommt er beim Reden aus dem Konzept und muß einige Male in seine schriftlichen Unterlagen schauen. Nach dem Seminar ist er völlig erschöpft und deprimiert. »Noch einmal werde ich diese Tortur nicht schaffen«, denkt er bei sich.

Was kann Herr Weber tun, um seine Redeangst zu überwinden?

Den ersten Schritt zum richtigen Umgang mit der Angst tun Sie, wenn Sie Ihre Ängste genau beschreiben und Besonderheiten hervorheben. Ängste erscheinen oft diffus und undurchschaubar und erwecken dadurch für den Betroffenen den Eindruck, unveränderbar zu sein. Erst eine genaue Beschreibung und eine nachfolgende Analyse der Bedingungen, unter denen eine Angst auftritt, macht sie der Veränderung zugänglich.

Im folgenden möchte ich aufzeigen, wie man die Redeangst in einzelne, konkrete Bestandteile »zerlegen« kann, und welche Techniken und Strategien es gibt, die zur Verminderung der Angst beitragen.

BESCHREIBUNG UND ANALYSE DER ANGST	VERÄNDERUNGS-MÖGLICHKEITEN
• **Art der Angst:** Redeangst • **Beschreibung der Situation:** Viele Leute sind anwesend, vor denen eine Rede gehalten werden soll. • **Gefühle:** Angst und Unsicherheit. Erwartungsängste.	• **Sich vertraut machen mit der Situation:** Gewöhnung an das Umfeld vor dem Zeitpunkt der Rede. • **Positive Suggestionen:** Z.B. »Ich habe mich ausreichend vorbereitet. Ich bin ganz zuversichtlich. Ich bin ganz gelöst.«
• **Gedanken, Erwartungen (negative Selbsteinreden):** »Ich muß eine besonders gute Rede halten.« »Ich darf nicht den Faden verlieren.« »Es wäre eine Katastrophe, wenn mir die Stimme versagte.« »Ich muß auf jede Zwischenfrage eine Antwort parat haben.« »Ich darf mir meine Angst nicht anmerken lassen.«	• **Gedankenveränderung:** »Ich versuche, eine gute/passende Rede zu halten.« »Es passiert nichts, wenn ich aus dem Konzept komme. Dann bitte ich die Zuschauer um etwas Geduld.« »Es ist nicht schlimm, wenn ich nicht alle Fragen beantworten kann. Einige kann ich an die Zuhörer zurückgeben: ›Ist einer unter Ihnen, der dazu etwas sagen kann?‹ Jeder Mensch hat vor einer schwierigen Situation ›Lampenfieber‹.«

● **Körperliche Verfassung:** Schweißausbrüche, Engegefühle im Hals, trockener Mund, Konzentrationsschwierigkeiten, Herzklopfen, Anspannung der Muskulatur	● **Entkrampfung:** Durchführung von Entspannungsübungen vor und in der Situation; ein Glas Wasser bereitstellen
● **Verhalten bei der Rede** (Befürchtungen): Gepreßte, zittrige Stimme, schnelles Sprechen, häufige Versprecher; aus dem Konzept kommen, den Faden verlieren	● **Redetechniken:** langsam und ruhig sprechen und zwischendurch Zuschauer anblicken; Methode der schrittweisen Entängstigung; Pausen sind wichtig. Grobes Konzept mit Stichwörtern vorher anfertigen.

Die *Methode der schrittweisen Entängstigung* finden Sie bei den Veränderungsmöglichkeiten des Verhaltens erläutert. Bezogen auf den Abbau von Redeängsten bedeutet die schrittweise Entängstigung:

❶ Sie erlernen ein Entspannungsverfahren (s. »Entspannungsverfahren« S. 114 ff.). Hintergrund: Angst und Entspannung sind miteinander unvereinbar, das heißt, wer entspannt ist, kann keine Angst haben.

❷ Sie beschreiben unterschiedlich schwere Situationen, indem Sie die Bedingungen der Ausgangssituation (Rede vor fremden Menschen halten) unterschiedlich schwer gestalten und anschließend nach ihrem Schwierigkeitsgrad (1 = leicht bis 10 = schwer) ordnen.

SCHWIERIGKEITSGRAD

1 Ich halte eine Rede mit Konzept für mich allein in meinem Zimmer (ca. 2 Minuten).	1 2 3 4 5 6 7 8 9 10 (x bei 1) leicht … schwer
2 Ich halte eine freie Rede für mich allein in einem abgeschlossenen Raum (ca. 2 Minuten).	1 2 3 4 5 6 7 8 9 10 (x bei 2) leicht … schwer

3 Ich verlängere die Dauer meiner Rede um jeweils 2 bis 5 Minuten.	1 2 3x 4 5 6 7 8 9 10 leicht schwer
4 Ich halte eine Rede mit Konzept vor einem guten Freund.	1 2 3 4x 5 6 7 8 9 10 leicht schwer
5 Ich halte eine freie Rede vor ein paar Freunden.	1 2 3 4 5x 6 7 8 9 10 leicht schwer
6 **7** **8** **9** usw.	
Ziel:	
10 Ich halte vor fremden Menschen mit einem Konzept eine Rede von 30 Minuten.	1 2 3 4 5 6 7 8 9 10x leicht schwer

Anschließend führen Sie die gestellten Aufgaben der Reihe nach durch. Sie beginnen mit der leichtesten Situation und üben sie so lange ein, bis Sie kaum noch Angst haben. Sie machen vor und nach der Situation Entspannungsübungen.
Wie gesagt, ein gewisses Lampenfieber wird in schwierigen Situationen weiterhin auftreten, jedoch ein »bißchen« Angst spornt an und erhöht sogar die Leistungsfähigkeit und Kreativität eines Menschen. Dieses Vorgehen der schrittweisen Entängstigung finden Sie im Kapitel »Kontakte aufnehmen und vertiefen lernen« mit einem weiteren Beispiel (s. S. 87ff.) erklärt. Im folgenden werden die einzelnen Schritte noch einmal aufgeführt.

SCHRITTWEISE ENTÄNGSTIGUNG

1 Erlernen Sie ein Entspannungsverfahren (z.B. Tiefmuskel-Entspannungstraining oder Autogenes Training*).

2 Beschreiben Sie die Situation, in der Sie Angst haben!

....

* Dem interessierten Leser empfehlen wir hierzu »Autogenes Training« (Bd. 336), »Selbsthilfe durch Autogenes Training« (Bd. 466) und »Autogenes Training und Meditation« (Bd. 510), alle erschienen im Humboldt-Taschenbuchverlag, München.
Die systematische Desensibilisierung ist ausführlich in »Entspannungs-Training« (Bd. 430) beschrieben.

3 a) Was fühlen Sie? ....

b) Welche Gedanken tauchen auf? ....

c) Welche körperlichen Beschwerden stellen sich ein?

....

4 Beschreiben Sie unterschiedlich schwere Situationen, indem Sie die Bedingungen der Ausgangssituation unterschiedlich schwer gestalten, und ordnen Sie sie anschließend nach ihrem Schwierigkeitsgrad ....

....

5 Üben Sie diese Situation der Reihe nach ein, bis Sie kaum noch Angst haben. Führen Sie begleitend Entspannungsübungen durch.

SICH DURCHSETZEN KÖNNEN

Jeder hat das Recht auf sich selbst.
Dieses Recht ist allen Pflichten
übergeordnet. Wenn Du dieses
Recht nicht wahrnehmen kannst,
dann wird es höchste Zeit, daß Du
Dein Leben änderst.

Sie stehen in einer Schlange vor dem Fahrkartenschalter. In zehn Minuten fährt Ihr Zug ab. Sie sind sehr besorgt, ob Sie Ihren Zug noch rechtzeitig erreichen und treten vor Ungeduld von einem Fuß auf den anderen. Endlich sind Sie an der Reihe. In diesem Moment verschafft sich ein älterer Herr von hinten den Vortritt mit den Worten: »Sie haben doch sicher Verständnis dafür, daß ich mich vordrängle; ich verpasse sonst den Zug.«
Lassen Sie ihn vor, oder bestehen Sie darauf, daß Sie an der Reihe sind, da auch Ihr Zug in Kürze abfährt?

Wie würden Sie reagieren?
Viele Menschen fühlen sich unsicher, wie sie sich in ähnlichen Situationen, wie oben dargestellt wurde, verhalten sollen. Sie treten still in den Hintergrund, auch wenn sie spüren, daß sie ungerecht behandelt werden und ihre Bedürfnisse übergangen werden. Zu dem Ärger über die Person, die auf »ihre Kosten« gekommen ist, kommt die Unzufriedenheit mit sich selbst, daß man es wieder einmal nicht geschafft hat, seine legitimen Interessen durchzusetzen. Das negative Selbstbild, das viele unsichere Menschen bereits von sich haben, wird durch solche oder ähnliche Erfahrungen noch verstärkt.

Wenn es nicht an Ihren während der Kindheit erlernten Normen liegt, daß Sie klein beigeben (»Man soll anderen den Vortritt lassen!«), könnte auch der Umstand den Ausschlag geben, daß es Ihnen unangenehm ist, im Mittelpunkt zu stehen. Wer eine Bitte abschlägt oder sogar eine verbale Auseinandersetzung riskiert, zieht die Aufmerksamkeit Dritter unweigerlich auf sich. Sie haben nun Angst, Fehler zu machen, nicht gewandt genug zu kontern oder Schwächen zu zeigen und auf diese Weise in der Anerkennung der Mitmenschen noch weiter zu sinken. Mangelndes Selbstvertrauen ist oft die Ursache dieser Angst. Wenn Sie sich nicht durchsetzen können, können die Folgen seelische Qualen in Form von Minderwertigkeitsgefühlen oder Depressionen, aber auch im körperlichen Bereich psychovegetative Beschwerden, Nervenzusammenbrüche, Ohnmacht bis hin zur Stimmlosigkeit sein.

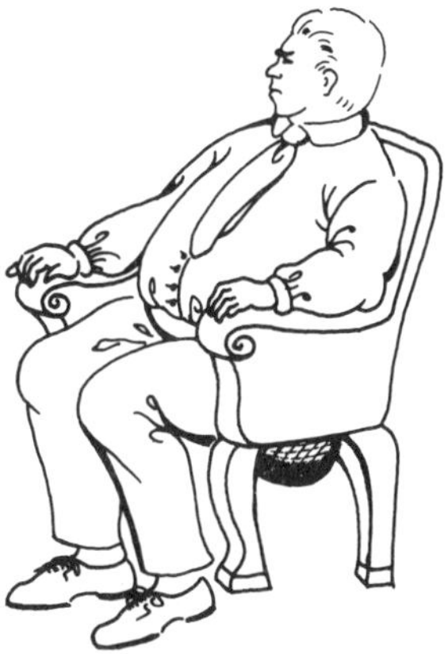

Abb. 5: Sich »durch-setzen«

Folgender Fall kommt in der Praxis leider häufig vor:

Frau Helbach hat als Sozialarbeiterin in einer großen Institution eine Anstellung gefunden. Sie lernt schnell und findet sich bald gut zurecht. So bleibt es nicht aus, daß ihr nach und nach die eine oder andere Ungereimtheit, unbegründbare Beschränkungen, nahezu schikanöse Handlungsrichtlinien und die insgesamt recht autoritäre Mitarbeiterbehandlung auffallen. Zunächst spricht Frau Helbach die Probleme bei ihrem unmittelbaren Vorgesetzten an. Sie merkt jedoch schnell, daß von dort wenig Unterstützung zu erwarten ist.
Frau Helbach leidet jahrelang zunehmend unter dem Konflikt zwischen besserer Einsicht und dem Zwang zur Befolgung fragwürdiger Maximen. Aber sie setzt sich trotzdem idealistisch für ihre Fälle ein.

Nur die seelischen »Tiefschläge« hören nicht auf. Vorgesetzte aller Stufen neigen dazu, Frau Helbachs Diskussionsbeiträge einfach niederzureden oder als wertlos abzutun. So fühlt sich Frau Helbach häufig ignoriert, zweifelt langsam an ihrer Kompetenz. Sie bekommt Herzbeschwerden und gerät immer stärker in eine depressive Grundstimmung.
Als dann bei der Neubesetzung eines freigewordenen Postens ein jüngerer Kollege bevorzugt wird, der zwar weniger Routine als Frau Helbach hat, es dafür jedoch versteht, sich lautstark durchzusetzen, erleidet sie einen Nervenzusammenbruch.

Leider kommt es oft genug vor, daß sich lautstarke Menschen in den Vordergrund drängen. Sie bieten ihre Qualitäten am lautesten und beharrlichsten an, während zurückhaltende und ruhige Menschen – trotz Kompetenz – oft im Hintergrund stehen und nur geringe Beachtung finden. Manche von ihnen haben das Handicap, daß sie das Gerangel um den Vortritt nicht mitmachen wollen, und geraten dadurch ins Hintertreffen. Zwar schließt Selbstsicherheit immer die Berücksichtigung der Interessen von Mitmenschen ein. Aber auch die eigenen Ansprüche müssen angemessen durchgesetzt werden.

Für das Erlernen von durchsetzungsfähigem Verhalten empfiehlt sich folgendes Vorgehen:

1. Ich gestehe mir das Recht zu, Ansprüche und Forderungen zu haben.
2. Ich prüfe, ob es für mich wichtig ist, bestimmte Ansprüche durchzusetzen.
3. Ich habe den Mut, Forderungen zu stellen.
4. Ich stelle Forderungen in einer geeigneten Form (kein aggressives Verhalten; auf Körperhaltung, Blickkontakt, Gesichtsausdruck und Gestik achten).
5. Ich entscheide während der Situation, ob ich unter allen Umständen auf meinen Forderungen bestehe, oder ob ich mich kompromißbereit zeige.

Bezogen auf das aufgeführte Beispiel am Fahrkartenschalter ergibt sich folgendes Vorgehen:

Zu 1 Ja, ich habe das Recht, mein Anliegen (vor dem älteren Herrn eine Fahrkarte zu kaufen) vorzubringen. Falls mich Bedenken oder behindernde Einstellungen plagen, prüfe ich sie auf ihren Realitätsgehalt hin (vgl. Kapitel »Negative Gedanken und negative Selbstbeeinflussung verändern«, S. 96 ff.).

Zu 2 Ja, es ist für mich wichtig, meine Ansprüche durchzusetzen, da ich meinen eigenen Zug rechtzeitig erreichen möchte.

Zu 3 Ich baue meine Angst und Unsicherheit schrittweise ab. Dazu ist es notwendig, daß ich eine Hierarchie von ähnlichen Situationen aufstelle und diese nach ihrem Schwierigkeitsgrad ordne, zum Beispiel so:

- mein eigenes Verhalten (sachlich oder energisch),
- die Mitwartenden (bekannt oder fremd),
- deren Verhalten (freundlich oder unfreundlich),
- und die Situation, den Ort (vertraut oder fremd).

Nach dem Aufstellen der Hierarchie beginnen Sie mit dem schrittweisen Einüben der Situationen. Das Training erfolgt in Kombination mit dem Einsatz von Entspannungsübungen.

Zu 4 Ich achte auf eine der Situation *angemessene* Reaktion, bleibe vorerst *freundlich* oder *sachlich* und *bestimmt*. Ich formuliere meine Forderung in *»Ich-Form«* direkt und ohne mich für mein Verhalten zu entschuldigen; ich begründe meine Forderung:
»Es tut mir leid. *Ich* benötige selbst sofort die Fahrkarte, da mein Zug in wenigen Minuten fährt, und ich kann Ihnen jetzt nicht den Vortritt lassen. Unter anderen Umständen gern.« Wer eine Begründung für seine Forderung nennt, macht sein Verhalten dem Partner einsichtiger (transparenter).

Ich achte bei der Durchsetzung von Interessen auf folgende äußere Merkmale:

- Mimik und Gesichtsausdruck: freundlich bis sachlich,
- Blickkontakt: fest, bestimmt,
- Stimme: deutlich, verständlich, ruhig.

Insbesondere beim 4. Punkt, der Vorgehensweise, wird wieder deutlich, wie ergiebig die Teilnahme an einer Therapiegruppe sein kann. Die Gruppenmitglieder und der Fachmann geben dem Trainierenden eine Rückmeldung über sein Verhalten, da man in Rollenspielen Durchsetzungsversuche probeweise einübt.

Zu 5 In diesem Fall zeige ich keine Kompromißbereitschaft, da ich auf meinen Rechten bestehen möchte.

Diese soeben vorgestellte Vorgehensweise in fünf Schritten können Sie auf andere Beispiele übertragen. Dabei entwickeln Sie mit der Zeit ein Gefühl dafür, ob ein Verhalten angemessen ist oder nicht. Je

mehr Situationen Sie ausprobieren und einüben, desto besser wird Ihr »Fingerspitzengefühl«. Es spielt sicherlich eine Rolle, in welchen Bereichen Sie versuchen, sich durchzusetzen. So ist es für viele Menschen vorerst leichter, in einer vertrauten Umgebung (z.B. Familie, Freunde) mutig zu sein und ein neues Auftreten zu riskieren als im Beruf unter Kollegen und Vorgesetzten. Die Angst vor den Konsequenzen eines neuen Verhaltens, das heißt vor der Reaktion der anderen auf ihr Verhalten, ist bei vielen Menschen anfangs groß. Sie haben im Beruf vor allen Dingen Angst vor bestimmten Bestrafungen beziehungsweise negativen Folgen (z.B. Versetzung, Überlastung, Kündigung).
Im privaten Bereich stehen die Folgen für das Zusammenleben im Vordergrund. Viele haben Angst, den Partner zu verletzen, in dessen Achtung zu sinken und seine Anerkennung zu verlieren. In beiden Bereichen empfiehlt es sich, zu überprüfen, wie wichtig Ihnen die Durchsetzung der eigenen Vorstellung ist. In manchen Fällen ist es sinnvoller, Kompromisse auszuhandeln und sich kooperativ zu verhalten als stur auf Forderungen zu beharren.
Wägen Sie verschiedene Verhaltensalternativen gegeneinander ab, und wählen Sie diejenige, die Ihnen langfristig am günstigsten erscheint. Das Abwägen von Vor- und Nachteilen verschiedener Verhaltensalternativen erleichtert die Entscheidung.

Eine solche Tabelle erleichtert Ihnen Ihre Entscheidung:

Ziel	Vorteile	Nachteile
Forderungen durchsetzen	Selbstvertrauen steigt Bedürfnisse werden befriedigt Wohlbefinden steigt	Kritik durch andere

Der folgende Rückmeldebogen kann für die Beobachtung und Beurteilung zugrunde gelegt werden:

Formulierung, Sprache		
eher sachlich	←——→	eher aggressiv oder bittend
bestimmte, feste, klare, selbstsichere Stimme	←——→	unsichere, ängstliche Stimme

	Körperhaltung	
entspannt, locker	←——→	verkrampft, angespannt
offene Körperhaltung	←——→	Abwehrhaltung
	Blickkontakt	
nimmt Blickkontakt auf und hält ihn	←——→	schaut dem Gesprächspartner nur kurze Zeit oder gar nicht in die Augen
	Gesichtsausdruck	
freundlich, gelöst	←——→	unfreundlich, aggressiv
	Gestik	
ruhige Gestik, Unterstreichung der Worte durch bestimmte Gesten	←——→	aufgebrachtes Gestikulieren

Mit zunehmendem Training werden Ängste und Hemmungen langsam weniger, und das Selbstvertrauen steigt. Denn:

➽ Je öfter Sie merken, daß Sie mit einer entschiedenen, aber freundlichen Forderung zu Ihrem Recht kommen oder gar eine für beide Seiten akzeptable Lösung finden können, desto sicherer und lockerer werden Sie in Ihrem Verhalten.

Mit zunehmendem Selbstvertrauen spielt es dann auch keine Rolle mehr, wenn Sie in manchen Fällen von Ihren Rechten zurücktreten und gelassen entscheiden können: Dieses Mal ist es nicht wichtig für mich, auf meinem Recht zu bestehen.

Beispiele:

»Dreiundfünfzig Mark bekomme ich von Ihnen«, sagt die Kellnerin zu Frau Schmidt. Frau Schmidt ist erschrocken über die Höhe der Rechnung. »Das kann doch gar nicht stimmen. Ich habe doch nur ein Tagesmenu gegessen und eine Tasse Kaffee getrunken«, denkt sie bei sich und wendet sich an die Bedienung mit den Worten: »Ich bin erstaunt über die Höhe des Betrages. Überprüfen Sie doch bitte nochmals die Rechnung, und geben Sie mir bitte eine detaillierte Auflistung über die von mir verzehrten Speisen und Getränke!«

Herr Bauer wartet in einer Schlange vor dem Obststand. Als sich von der Seite eine hübsche Dame vordrängt, sagt er augenzwinkernd: »Halt, halt, junge Frau! Es geht hier nicht der Schönheit, sondern der Reihe nach!«

»Heute abend schaue ich mir das Fußballspiel im Fernsehen an!« äußert Herr Runde mit bestimmter Stimme. Frau Runde holt sich die Programmzeitschrift und entgegnet: »Darüber müssen wir uns noch unterhalten. Ich möchte gerne den Spielfilm im anderen Programm sehen. Aber ich habe eine Idee. Frag doch Heinz, unseren Nachbarn, vielleicht kannst Du Dir das Spiel bei ihm ansehen. Wenn nicht, müssen wir eine andere Lösung finden.«

»Das wird schon wieder«, meint der Arzt beschwichtigend zum Patienten. »Wenn Sie die Medikamente ordnungsgemäß einnehmen, werden Sie wieder gut schlafen können. Gute Besserung und auf Wiedersehen!« Der Patient will sich mit der Antwort des Arztes nicht zufriedengeben und entgegnet: »Sie haben mich mißverstanden, Herr Doktor. Medikamente haben Sie mir bereits beim letzten Mal verschrieben; und ich befürchte, daß ich mit der Zeit nicht mehr ohne Schlafmittel auskommen werde. Sie können mir doch sicherlich noch andere Möglichkeiten zeigen, wie ich meine Schlafstörungen abbauen kann.«

NEIN SAGEN KÖNNEN

Beispiel:

»Frau Liebig, können Sie diese Arbeit für mich gerade erledigen? Ich bin in Eile, und Sie machen das immer so gut. Ach, ich wußte doch, daß man sich auf Sie immer verlassen kann.« Ohne eine Antwort abzuwarten, drückt Herr Groß Frau Liebig eine Akte in die Hand, klopft ihr aufmunternd auf die Schulter und hat im nächsten Moment bereits das Zimmer verlassen. So ergeht es Frau Liebig oft. Sie ist unter ihren Kollegen bekannt als die »gute Seele« (oder »der Kummerkasten«) vom Büro. Sie kümmert sich um die Sorgen und Nöte der Mitarbeiter, nimmt sich Zeit, wenn Überstunden anfallen, und vermittelt bei Konflikten und Streitigkeiten unter den Kollegen. »Geh mal zu der Liebig, die macht das schon!« heißt es allgemein.
Frau Liebig ist einerseits stolz darauf, daß die Kollegen und Kolleginnen oft auf sie zukommen und ihr damit ein großes Vertrauen entgegenbringen. Andererseits fühlt sie sich in letzter Zeit überfordert und ein wenig ausgenutzt. Die Sorgen der Mitarbeiter belasten sie immer stärker. Da sie allein lebt, hat sie selbst niemanden, mit dem sie über ihre Belastungen sprechen kann. Ihren Mitarbeitern möchte sie ihre Sorgen nicht anvertrauen, da sie Angst hat, dann in deren Achtung zu sinken. Bisher hat sie im Büro immer als die »Lebenslust« und »Hilfsbereitschaft« in Person gegolten. Man würde sie wahrscheinlich ganz verblüfft und ungläubig anstarren, wenn sie plötzlich eine Bitte abschlagen oder über ihre Sorgen offen reden würde. Die Folgen der Überforderung machen sich immer deutlicher bemerkbar: Bluthochdruck, Verspannungen, Nervosität und Kopfschmerzen. In letzter Zeit greift Frau Liebig häufig zu Alkohol oder Süßigkeiten, die jedoch nur kurzfristig Entlastung bringen und sich bereits auf ihre Figur ausgewirkt haben.

Ergeht es Ihnen ähnlich wie Frau Liebig? Kann man Sie mit ein paar netten Worten leicht zu einer Gefälligkeit überreden, obwohl Sie eigentlich gar nicht der Bitte nachkommen möchten? Im nachhinein ärgern Sie sich vielleicht darüber, daß Sie sich mal wieder haben überreden lassen.

Hilfsbereitschaft bringt Vor- und Nachteile mit sich:
So ist es auf der einen Seite angenehm, um Hilfe gebeten zu werden. Man hat das Gefühl, geschätzt zu werden und genießt das Vertrauen seiner Mitmenschen. Das eigene Selbstwertgefühl steigt und wird durch ein paar Komplimente am Rande noch verstärkt: »Sie haben doch so viel Erfahrung«, »Sie machen das immer so gut« oder ähnliches.

Die andere Seite der Hilfsbereitschaft ist nicht so angenehm:
Wer versucht, allen Forderungen und Bitten seiner Mitmenschen nachzukommen, ihren Erwartungen stets zu entsprechen, setzt sich selbst unter Druck und stößt irgendwann an die Grenzen seiner Belastbarkeit. Psychovegetative Beschwerden wie Nervosität,

Abb. 6: Nicht nein sagen können

Erschöpfung, Schwitzen, Herz- und Kreislaufbeschwerden usw. stellen sich ein. Zudem merken manche Menschen zu diesem Zeitpunkt, daß die Beziehung recht einseitig bleibt; es profitieren vorwiegend die Mitmenschen.

➽ Welche Möglichkeiten der Veränderung bieten sich an? Ziel ist es, zwar hilfsbereit zu sein, dabei jedoch die eigenen Bedürfnisse und Interessen nicht zu vernachlässigen. Hilfsbereitschaft gehört sicherlich zu den positiven Eigenschaften und soll hier nicht in ein falsches Licht gestellt werden. Doch wer zuviel des Guten tut, spürt die Konsequenzen am eigenen Leibe.

Dabei führt Hilfsbereitschaft nicht immer zu einer Freundschaft oder engeren Beziehung; außerdem können Sie auch nicht von anderen erwarten, daß sie Ihnen stets bereitwillig helfen.
Haben Sie die Einstellung, selbst weniger wert zu sein als Ihre Mitmenschen, das heißt, müssen Sie sich Ihren Wert erst schaffen (verdienen), indem Sie sich hilfsbereiter zeigen als andere Menschen? Sie lernen am besten zuerst, sich das Recht zuzugestehen, einmal nein zu sagen. Dieses Recht hängt eng mit dem Selbstwertgefühl zusammen. Wie Sie Ihr Selbstvertrauen in die eigene Person erhöhen können, erfahren Sie im Kapitel »Selbstwertgefühl erhöhen« (s. S. 104ff.).
Zudem können Sie bestimmte Fehleinstellungen wie »Wenn ich über meine Probleme rede, werde ich von meinen Kollegen nicht mehr respektiert« oder »Man muß immer hilfsbereit sein« verändern, indem Sie sie auf ihre Richtigkeit überprüfen und entsprechend verändern (vgl. Kap. »Negative Gedanken und negative Selbstbeeinflussung verändern«, s. S. 96ff.).
Wer lernt, ab und zu nein zu sagen und auf sein eigenes körperliches Befinden zu achten, hat schon einen wichtigen Schritt zum Abbau von den Folgeerscheinungen übermäßiger Hilfsbereitschaft getan. Psychovegetative Beschwerden werden weniger und können mit Hilfe von Entspannungsverfahren weiter abgebaut werden.

Die Frage stellt sich nun: Wie sag' ich es am besten, wenn ich eine Bitte abschlagen möchte; denn nicht jedes Nein wird von den Mitmenschen akzeptiert.

Es gibt bestimmte Kriterien und Vorgehensweisen, die sich beim Abschlagen einer Bitte als günstig erwiesen haben. Im folgenden sind diese Kriterien unterteilt nach dem formalen und inhaltlichen Aspekt.

LEITFADEN BEIM NEINSAGEN	
Formale Kriterien	
Körperhaltung:	dem Partner zugewandt, offen, entspannt
Mimik:	sicher im Ausdruck, fest
Blickkontakt:	Es besteht Blickkontakt zum Gesprächspartner.
Stimme:	klar und deutlich, nicht zu leise, sondern gut verständlich
Inhaltliche Kriterien	
Eindeutigkeit:	Sagen Sie eindeutig nein. Wörter wie z.B. vielleicht, eigentlich usw. signalisieren Unsicherheit.
Zeit:	Lassen Sie sich nicht zu lange Zeit beim Beantworten einer Frage – zögern Sie nicht übermäßig.
Durchhalten des Entschlusses:	Lassen Sie sich nicht durch geschickte Argumente und Überredungskünste des Partners aus Ihrem Konzept bringen. Bleiben Sie möglichst bei Ihrem Entschluß, und lassen Sie sich nicht auf eine lange Diskussion ein.
Keine Entschuldigung:	Erklären Sie Ihre Ablehnung, aber entschuldigen Sie sich nicht dafür.
Verantwortung:	Übernehmen Sie die Verantwortung für Ihre Aussage, stehen Sie hinter Ihrer Entscheidung. Benutzen Sie dabei das Wörtchen »ich .....«.
Ausdruck von Gefühlen:	Werden Sie nicht aggressiv und anklagend gegenüber Ihrem Gesprächspartner, wenn Sie eine Bitte abschlagen. Wenn Sie sich ärgern oder ausgenutzt fühlen, drücken Sie dies direkt aus (z.B. »Ich ärgere mich darüber, daß ...«).

Sammeln Sie nun Situationen, in denen es Ihnen schwerfällt, nein zu sagen, und ordnen Sie diese nach ihrem Schwierigkeitsgrad. Beginnen Sie mit der leichtesten Situation, und probieren Sie diese Situation in einem Rollenspiel aus. Nehmen Sie sich nicht sofort vor, auf alle Kriterien gleichzeitig zu achten, sondern nehmen Sie sich zuerst nur ein bis zwei Kriterien vor. In der Therapiegruppe erfahren Sie durch die Rückmeldung der anderen Gruppenmitglieder, wie Sie auf andere wirken, was Sie noch falsch machen und eventuell verändern können.

➻ Denken Sie beim Training daran: Wenn Sie nein sagen, lehnen Sie damit nicht Ihren Gesprächspartner in seiner Person ab, sondern lediglich seine Bitte. Machen Sie sich nicht verantwortlich dafür, wenn Ihr Gesprächspartner Ihre Ablehnung falsch versteht. Sie stoßen bei einer Absage sicherlich nicht immer auf Verständnis oder auf einen freundlichen Gesichtsausdruck. Sie schützen jedoch ihr eigenes Wohlergehen.

Beispiel:

Herr Schulte kommt nach einem anstrengenden Tag abends nach Hause. Kurz vor der Haustür trifft er seine Nachbarin, die ihn mit den Worten begrüßt: »Gut, daß ich Sie zufällig treffe. Sie sind doch so nett und kommen kurz zu mir herüber und helfen mir noch einmal beim Ausfüllen des Lohnsteuerjahresausgleichs?« Herr Schulte fühlt Verärgerung aufsteigen, da er abgespannt und müde ist. Er erwidert jedoch mit freundlicher Miene: »Frau Martens, ich helfe Ihnen natürlich gerne. Aber ich denke, das können Sie selbst genauso gut. Nehmen Sie die Durchschläge vom letzten Jahr als Vorlage und füllen Sie die Bögen schon einmal soweit aus, wie Sie kommen. Am nächsten Wochenende können wir uns kurz zusammensetzen und sie gemeinsam vervollständigen.«

Zu einer guten Beziehung gehören sowohl Hilfsbereitschaft als auch die Möglichkeit, eine Bitte aus wichtigen Gründen einmal abzuschlagen.

Wenn es Ihnen jedoch schwerfällt, in der direkten Form nein zu sagen, so können Sie das Nein auch verpacken:

- Geben Sie eine kurze **Anleitung**,
  wenn Sie um Ihre Hilfe als Fachmann gebeten werden, wie »Ich zeige Ihnen kurz den Vorgang. Dann schaffen Sie das auch!«

- Geben Sie Erläuterungen zur **Selbsthilfe**.
  Zum Beispiel »Hier habe ich eine Liste, die Sie bei der Lösung des Problems zu Hilfe nehmen können. Ansonsten fragen Sie Herrn Müller, der kennt sich noch besser aus als ich.«

- **Verschieben** der Hilfeleistung:
  »Jetzt kann ich Ihnen leider nicht helfen, aber vielleicht können wir für morgen einen Termin vereinbaren.«

- Verwenden Sie eine **nette Floskel** beim Neinsagen: »Ich würde Ihnen gerne helfen, aber ich habe leider wichtige Termine, die ich sofort erledigen muß.«

➽ Mit ein paar netten Floskeln, die mit fester und bestimmter Stimme ausgesprochen werden, fällt es Ihnen vielleicht leichter, Ihren Mitmenschen eine Bitte abzuschlagen. Entscheiden Sie sich für diejenige Form der Absage, die Sie selbst am ehesten akzeptieren könnten, wenn Ihnen eine Bitte oder Forderung abgeschlagen werden würde.

UMGANG MIT GEFÜHLEN ERLERNEN

- Was fühlen Sie in diesem Moment?
- Können Sie Ihre Gefühle wahrnehmen? Wenn ja, versuchen Sie sie zu beschreiben.
- Wenn nicht, was hindert Sie daran, sie zu spüren?
- Wie gehen Sie mit Ihren Gefühlen um?
- Können Sie Gefühle wie Ärger, Enttäuschtsein oder Eifersucht akzeptieren? Versuchen Sie, sie zu unterdrücken oder zu überspielen? Oder lassen Sie Ihren Gefühlen freien Lauf?
- Wie reagieren Sie auf Lob oder Kritik?

Viele Fragen, die gleich zu Anfang des Kapitels auf Sie einstürmen und Sie vielleicht verwirren. Lassen Sie die Fragen auf sich einwirken.

Was machen wir mit Gefühlen?
Sie lassen sich oft nicht kontrollieren, sind unberechenbar, werden verdeckt oder ignoriert, mit einer Schutzschicht umgeben oder verharmlost. Ein heikles Thema? Sicherlich insbesondere für diejenigen, die versuchen, Gefühle aus ihrem Leben auszuklammern.

Was sind eigentlich Gefühle oder Emotionen?
Wir gehen bei der Begriffserklärung zuerst einmal vom Wort selbst aus. Die Bezeichnung »Emotion« kommt aus dem Französischen und bedeutet *innere Bewegtheit.* Gefühle sind Bewegungen; wer sie nicht zuläßt, erlebt eine Blockierung und Gefühlsstarre. Gefühle

»bewegen« etwas im seelischen und körperlichen Bereich des Menschen. Im *körperlichen Bereich* rufen sie bestimmte psychovegetative Reaktionen wie Gesichtsröte (Scham), Schwitzen (Angstschweiß), Blässe (Wut, Schreck), gute Durchblutung (Freude), Magenschmerzen (Ärger) hervor.
Im *seelischen Bereich* können sie von Stimmungsänderungen bis hin zu seelischen Erkrankungen (Neurosen, Depressionen) führen.
Positive Gefühle beflügeln die Phantasie, erhöhen Kreativität und Leistungsfähigkeit eines Menschen. Sie bewirken nach einer vorübergehenden Aktivierung des Herz-Kreislaufsystems langfristig eine Herabsetzung des Blutdrucks und der Herzschlagfrequenz. Beim Lachen kommt es zum Beispiel zu einer Hormonausschüttung, die sich im weitesten Sinne als Spannungsabbau auswirkt. Kopfschmerzen verschwinden, Verspannungen lösen sich, Lockerung und gelöste Stimmung treten auf.
Bei den negativen Gefühlen liegt es an der Art des Umgangs mit ihnen, der bestimmt, ob sie sich langfristig störend auf das körperlich-seelische Wohlbefinden auswirken. Wer zum Beispiel den Ärger aufstaut oder verdrängt, spürt auf die Dauer die Folgen am eigenen Leibe, etwa durch Magenbeschwerden. Doch auf den Umgang mit Ärger kommen wir später (s. S. 85 ff.) noch ausführlicher zu sprechen.

Wie gehen Sie mit positiven oder negativen Gefühlen um?
Sprechen Sie über Ihre Gefühle mit Ihrem Partner oder Ihren Mitmenschen? Zeigen Sie offen, wenn Sie sich freuen, oder versuchen Sie, sich zu beherrschen, und verziehen kaum eine Miene? Manchen Menschen kann man nur schwer ansehen, wie sie sich fühlen. Sie tragen stets eine Maske der Undurchdringlichkeit vor ihrem Gesicht. So können sich auch hinter einem stets überfreundlichen Lächeln die unterschiedlichsten Gefühle verbergen. Die Maske aufrecht zu erhalten erfordert viel Anstrengung und Energie.

Wie kommt es, daß sich viele Menschen oftmals scheuen, Gefühle offen zu zeigen und sich mit ihnen auseinanderzusetzen?
Die Ursachen liegen in der persönlichen Lerngeschichte. Kinder lassen ihren Gefühlen noch freien Lauf; sie zeigen ihren Ärger, wenn sie wütend sind, und weinen, wenn sie sich traurig fühlen. Man sieht ihnen am ganzen Körper an, was sie empfinden. Wenn sie sich freuen, freuen sie sich vom Kopf bis zum Fuß. Erst im Laufe ihrer Entwicklung bilden sich ungünstige Einstellungen und Verhaltensweisen im Umgang mit Gefühlen aus, die sich mit der Zeit verfestigen und später nicht mehr bewußt sind oder nicht mehr auf ihren Sinn hin befragt werden.

Abb. 7: Kinder können ihre Freude noch deutlich zum Ausdruck bringen

Einige dieser Einstellungen und Regeln finden Sie in der nachfolgenden Liste aufgeführt. Überlegen Sie, welche auf Sie zutreffen. Vielleicht fallen Ihnen auch noch einige ein, die Sie ergänzend anfügen können.

FEHLEINSTELLUNGEN UND BEHINDERNDE VERHALTENSWEISEN IM UMGANG MIT GEFÜHLEN

1 Gefühle soll man beherrschen und kontrollieren:
»Beruhige dich doch.« »Reiß dich zusammen.«

2 Gefühle zeigt man nicht offen:
»Man weint nicht in Gegenwart anderer Menschen.« »Man ist vernünftig und steht über den Dingen.«

3 Gefühle werden oft verharmlost oder beschwichtigt:
»Nimm es nicht so schwer.« »Es wird schon wieder gut.«

4 Wer Gefühle offen zeigt, gibt seine Schwächen preis:
Wer Schwächen hat, wird in der heutigen Leistungsgesellschaft nicht anerkannt.

5 Wer seine Gefühle zeigt, läßt sich gehen. Man darf sich nicht gehenlassen:
Sentimentalität und »Gefühlsduselei« behindern angeblich die Leistungsfähigkeit eines Menschen. Menschen, die träumen, stehen nicht mitten im Leben.

Haben Sie einige Ihrer eigenen Vorbehalte und Einstellungen gegenüber dem Umgang mit Gefühlen in der Liste wiedergefunden? Vielen Menschen sind diese unterschwellig wirksamen Regeln und Normen nicht bewußt, erst wenn sie formuliert und präzisiert werden, können sie überdacht und auf ihren Sinn hin überprüft werden.
Es gibt also bestimmte gesellschaftliche Normen, die eine Tabuisierung und Reglementierung im Umgang mit Gefühlen bewirken und sich im zwischenmenschlichen Bereich ungünstig auswirken.

Die negativen Folgen sind:

- Die Verdrängung und Zensur von Gefühlen führen zu Störungen im körperlich-seelischen Befinden (z.B. Depressionen, Alpträume, Neurosen).

- Fehleinstellungen und Fehlverhaltensweisen im Umgang mit Gefühlen erzeugen Mißverständnisse und Probleme im zwischenmenschlichen Bereich.

- Eine Vertiefung von Beziehungen und der Aufbau von Nähe wird beeinträchtigt oder gar verhindert (vgl. Kap. »Kontakte aufnehmen und vertiefen«, S. 87ff.).

- Das Ignorieren beziehungsweise die Abwehr von Gefühlen mündet in Selbstentfremdung.

Im Umgang mit Gefühlen geht es zuerst einmal darum, diese zuzulassen, das heißt nicht sofort zu verdrängen, wie durch die Normvorstellung »Ich darf mich nicht ärgern oder neidisch sein«.

➽ Akzeptieren Sie, daß Sie bestimmte Gefühle haben, und denken Sie darüber nach, warum Sie so und nicht anders fühlen. Befassen Sie sich mit Ihren Gefühlen! So bauen Sie Barrieren und Hemmnisse ab, die Ihnen den Umgang mit diesen erschweren. Wenn Sie dies beachten, fällt es Ihnen auch leichter, über Ihre Gefühle zu reden und sie anderen mitzuteilen.

Es gibt sicherlich nicht eine *einzige* richtige Vorgehensweise, sondern es kommt oft darauf an, in welcher Situation man sich befindet, und welches Vorgehen sich jeweils als günstig, also der Situation angemessen erweist. So kann es ungünstig sein, wenn Sie Ihrem Vorgesetzten gegenüber Ihrem Ärger freien Lauf lassen. Ein ruhiges Gespräch und gute Zusammenarbeit kommen durch dieses Verhalten sicherlich in den meisten Fällen nicht zustande.

Deswegen ist es zuerst einmal wichtig, die Ziele für einen positiven Umgang mit Gefühlen aufzustellen, um daraus einen Leitfaden abzuleiten.

Der richtige Umgang mit Gefühlen soll

- Mißverständnisse im zwischenmenschlichen Bereich verhindern,
- das körperlich-seelische Wohlbefinden eines Menschen fördern
- und die Grundlage für das Entstehen enger zwischenmenschlicher Beziehungen schaffen.

Wie sieht nun der richtige Umgang mit Gefühlen aus?
Patentrezepte gibt es nicht, die den genauen Wortlaut vorschreiben. Es wäre auch nicht sinnvoll, etwas »einzustudieren«. Sie sollen schließlich Sie selbst sein, selbst wahrnehmen, was Sie empfinden, und dies dem Partner mitteilen.

Dabei sollten Sie auf einige Aspekte achten, die im folgenden Leitfaden aufgeführt sind:

LEITFADEN FÜR DEN UMGANG MIT GEFÜHLEN

1. **Reden Sie in Ich-Form.**
   Stehen Sie hinter Ihrer Aussage. Verstecken Sie sich nicht hinter »Man«-Aussagen.

2. **Teilen Sie dem Partner Ihre Gefühle mit, die sein Verhalten bei Ihnen ausgelöst hat.**
   Z.B. »Ich bin enttäuscht, daß ...« Eine Kritik wird in dieser Form vom Partner eher akzeptiert als in der Anklageform »Du hast ...!«

3. **Beziehen Sie sich bei einer Kritik auf ein konkretes Verhalten und nicht auf die ganze Person.**
   Konkrete Beschreibung des Verhaltens mit Angabe eines Beispiels.

4. **Vermeiden Sie bei der Mitteilung von negativen Gefühlen eine Anklage oder Beschuldigung.**
   Anklagen bewirken Rechtfertigungen oder Gegenangriffe.

5. **Vermeiden Sie Pauschalaussagen oder Verallgemeinerungen.**
   Wörter wie z.B. »immer«, »stets«, »alle ...« sollten vermieden werden, da sie den Tatbestand verfälschen.

6 Vermeiden Sie, eigene oder fremde Gefühle als unangemessen zu bezeichnen.
Jeder ist für sich und seine Empfindungen verantwortlich.

7 Schauen Sie Ihren Gesprächspartner an, wenn Sie über Ihre Gefühle sprechen.
Wer zu seinem Partner keinen Blickkontakt hält, signalisiert diesem durch sein Verhalten, daß er sich unsicher und ängstlich fühlt.

8 Wenn Sie kritisiert werden, hören Sie zuerst ruhig zu, und überprüfen Sie, ob Sie die Kritik richtig verstanden haben.
Impulsive Reaktionen führen zu Mißverständnissen. Formulieren Sie die Gefühle, die die Kritik bei Ihnen ausgelöst hat.

9 Bitten Sie den Partner, der Sie kritisiert hat, um Alternativvorstellungen und Wünsche.
Sie fordern dadurch den Partner dazu heraus, selbst über Verbesserungen bzw. Änderungen nachzudenken.

10 Wenn Sie gelobt werden, werten Sie die Anerkennung nicht ab, sondern akzeptieren Sie sie.
Beispiel: *Gast: »Das Essen war sehr lecker. Es hat mir gut geschmeckt.«*
ungünstig: *Sie: »Ach, das war nichts Besonderes!«*
günstig: *Sie: »Danke für das Kompliment. Ich koche sehr gerne. Besonders wenn ich Gäste habe, macht es mir nochmal so viel Spaß.«*

11 Wenn andere Menschen ihre Gefühle äußern, hören Sie ruhig zu.
Verharmlosen oder unterdrücken Sie nicht deren Gefühle (z.B. »Nimm es leicht«), sondern unterstützen Sie Gefühlsäußerungen, indem Sie die beschriebenen Gefühle noch einmal mit Ihrem eigenen Worten wiedergeben.

12 Die für jedes Gespräch wichtige Gesprächsregel lautet:
Es ist wichtig, dem Gesprächspartner zuzuhören und ihn nicht ständig mit eigenen Worten und Gedanken zu unterbrechen.

Wer Schwierigkeiten hat, seine Gefühle zu erkennen oder zu artikulieren, kann sich genauer bei den Autoren (Casriel, Izard u.a., siehe Literaturhinweise S. 124) informieren. Bei schwerwiegenden Konflikten oder Problemen (z.B. Depressionen, generelle Unzufriedenheit) ist jedoch eine Psychotherapie angezeigt.
Eine Therapieform, in der die Verbalisierung, die Äußerung von Gefühlen, im Vordergrund steht, ist die *Gesprächspsychotherapie.* Ziel der Gespräche ist die Hilfe zur »Selbstaktualisierung«, zur

Selbsterkenntnis. Man geht davon aus, daß der Mensch eine natürliche Tendenz zur Selbstentfaltung und Selbstverwirklichung hat, die jedoch durch ungünstige Umwelteinflüsse (z.B. Konflikte, Erziehung usw.) gestört wurde. In einer angstfreien Atmosphäre (= Therapiesituation) kommt es mit Hilfe bestimmter Gesprächstechniken zu einer Klärung und Bearbeitung von Konflikten und negativen Erlebnissen.

Die drei Gesprächsvariablen sind:

1. Verbalisierung emotionaler Erlebnisinhalte,
2. positive Wertschätzung/emotionale Wärme und
3. Echtheit.

Wenn Ihre Probleme also vorwiegend auf der gefühlsmäßigen Ebene liegen, ist es günstig, einen Psychotherapeuten beziehungsweise Diplom-Psychologen mit einer Ausbildung in Gesprächspsychotherapie aufzusuchen.

Eine andere, neuere Psychotherapiemethode ist das *»Focusing«*.

► *Focusing* heißt übersetzt *»in einen Brennpunkt stellen«* (der Begriff stammt aus der Physik). Ziel ist es, sich auf bestimmte Gefühle zu konzentrieren, sie wahrzunehmen und die Hintergründe und Ursachen zu ergründen.

Damit Sie sich vorstellen können, wie das Focusing vor sich geht, folgt nun ein Beispiel:

ÜBUNG (nach Gendlin)

- Setzen Sie sich bequem hin, und entspannen Sie sich.
- Schließen Sie Ihre Augen, und konzentrieren Sie sich auf sich selbst.
- Spüren Sie sich selbst.
- Versuchen Sie dabei folgende Fragen zu beantworten:

1 Wie fühlen Sie sich?
Versuchen Sie, die Gefühle kommen zu lassen.
Dringen Sie nicht tiefer, oder hinterfragen Sie Ihre Gefühle nicht.
Begrüßen Sie alles, was kommt.

2 Nehmen Sie sich jetzt ein Problem vor.
Welches Problem ist gerade das wichtigste?
Wie fühlen Sie sich mit diesem Problem?
Lassen Sie das Problem als Ganzes auf Sie einwirken.

3 Bleiben Sie bei diesem Gefühl. Was ist das Wichtigste daran?
4 Lassen Sie sich Zeit; lassen Sie Worte oder Bilder aus dem Gefühl kommen.
5 Gehen Sie hin und her zwischen den Worten bzw. Bildern und dem Gefühl. Versuchen Sie, beides aufeinander abzustimmen. – Wenn sich das Gefühl verändert, folgen Sie ihm.
6 Prüfen Sie Ihr Gefühl. Fragen Sie Ihren Körper, ob es richtig ist, was Sie fühlen und an Worten oder Bildern sehen. Wenn die Worte oder Bilder mit dem Gefühl übereinstimmen, lassen Sie dies noch eine Minute auf sich einwirken. Wenn Sie nicht weiterkommen, beantworten Sie die Fragen: – Was ist das Schlimmste an meinem Gefühl? – Was ist so schlimm daran? – Was brauche ich? Was könnte mir helfen? Lassen Sie das Gefühl antworten.
Was wäre es für ein Gefühl, wenn alles in Ordnung wäre? Lassen Sie Ihren Körper antworten. Was behindert Sie?

Diese Übung können Sie immer dann durchführen, wenn Sie allgemein unzufrieden mit sich sind, aber nicht genau ausmachen können, was Sie unzufrieden macht und welche Ursachen und Hintergründe eine Rolle spielen. Es würde Ihnen helfen, wenn eine neutrale Stimme die Punkte 1–6 auf eine Cassette spräche – mit entsprechend großen Denkpausen, damit Sie sich ausreichend entspannen können.

Ein Gefühl, das besonders häufig auftritt, ist der *Ärger.* Deshalb möchte ich dieses Gefühl etwas ausführlicher ansprechen, zumal es eine wichtige Rolle bei der Durchsetzung von eigenen Bedürfnissen und Interessen spielt.

Beispiel:

»Hat man denn hier nie seine Ruhe?« denkt Herr Schauer verzweifelt und schaut mit einem ärgerlichen Blick zur Tür. Ständig kommen Kollegen herein, die »nur« mal kurz eine Frage haben und ihn gar nicht weiter stören wollen. Seit zwei Stunden beschäftigt er sich bereits mit einer schwierigen

Aufgabe, kommt aber überhaupt nicht voran. Immer, wenn er gerade den Eindruck hat, kurz vor der Lösung des Problems zu stehen, wird er wieder gestört. Zudem dröhnt von der Straße der Lärm der Baumaschinen zu ihm herein und behindert seine Konzentration. Bisher hat er seinen Ärger gut beherrschen können, aber so langsam spürt er, wie sich die Anspannung und der Druck immer mehr in seinem Körper stauen. Bald würde ihn die geringste Störung oder Kleinigkeit bereits aus dem Konzept bringen, und er könnte dann nicht mehr dafür garantieren, seine Erregung unter Kontrolle zu halten. »Hoffentlich ist es zu Hause ruhiger«, denkt er bei sich. »Wenn die Kinder heute keine laute Musik hören, kann ich vielleicht meine Arbeit zu Hause weitermachen.« Aber zuvor will er es noch einmal versuchen, sich mit der Aufgabe im Büro auseinanderzusetzen. Verbissen setzt er sich auf seinen Arbeitsplatz und versucht krampfhaft, sich in seine Unterlagen zu vertiefen.

Ergeht es Ihnen auch manchmal ähnlich wie Herrn Schauer? Sie ärgern sich anscheinend über Kleinigkeiten in Ihrem Alltag und wollen sich von diesen nicht aus der Ruhe bringen lassen. Diese kleinen Ärgernisse kommen jedoch immer häufiger vor, so daß Sie sich stark beeinträchtigt fühlen. Sie verbieten es sich jedoch, Ihren Ärger kundzutun, spüren aber, daß Ihre Erregung immer größer wird und körperliche Beschwerden wie starke Verspannungen, Druckanstieg, Magenbeschwerden usw. auftreten. Sie haben vielleicht Angst, bei kleinen Störungen zu »explodieren« (nach dem Motto: »Mich stört die Fliege an der Wand«). Sie wollen keinen schlechten Eindruck machen. Sie wissen nicht, wie Sie sich verhalten sollen. Sie sind unsicher.

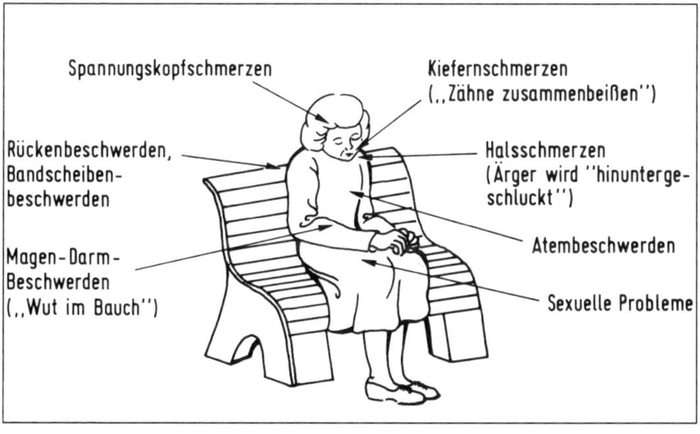

Abb. 8: Psychovegetative Folgen von aufgestautem Ärger

Ärger ist eines der häufigsten Gefühle, die im zwischenmenschlichen Bereich auftreten. Der angemessene Umgang mit Ärger bildet einen wichtigen Bestandteil selbstsicheren Verhaltens, und zwar insbesondere, wenn es um die Durchsetzung von persönlichen Rechten, Bedürfnissen und Forderungen geht. Ärger rührt oft daher, daß berechtigte Bedürfnisse zurückgestellt und nicht geäußert werden. Es stellt sich dann hier die Frage, *warum* viele Menschen ihre eigenen Bedürfnisse zurückstellen, sich oft aber im nachhinein über ihr Verhalten ärgern. Oftmals sind es bestimmte Befürchtungen oder Panikgedanken, die Menschen daran hindern, ihren Ärger zu äußern.

BEFÜRCHTUNGEN UND PANIKGEDANKEN

❶ *Wenn ich meinen Ärger offen zeige, habe ich Angst, nicht die richtige Form zu finden. Ich befürchte, die Beherrschung zu verlieren.*

Kommentar: Wer seinen Ärger oft aufstaut und hinunterschluckt, wird sicherlich irgendwann unbeherrscht reagieren. Es ist wichtig, frühzeitig über die jeweiligen Anlässe, die zum Ärger geführt haben, zu sprechen. Wer zu erregt ist, sollte sich zuerst etwas beruhigen, da eine Aussprache zu diesem Zeitpunkt selten zu einer für alle Seiten akzeptablen Lösung eines Problems führt.

❷ *Wenn ich meinen Ärger offen äußere, verliere ich die Anerkennung und Wertschätzung meiner Mitmenschen.*

Kommentar: Es wird sicherlich Menschen geben, die sich zurückziehen und sehr empfindlich reagieren, wenn sie kritisiert werden. Hier spielen der richtige Zeitpunkt, Ort und eine angemessene Form eine wichtige Rolle dafür, ob eine Kritik akzeptiert wird oder nicht. Erwarten Sie nicht, daß sich jemand freut, wenn Sie ihn kritisieren. Zur normalen Reaktion eines Menschen gehören meistens Betroffensein, Nachdenklichkeit und unter Umständen ein Sich-Verletzt-Fühlen. – Beachten Sie: Gute Freundschaften und Beziehungen beinhalten immer auch die gegenseitige Rückmeldung von Kritik und Ärger. Nur so sind Beziehungsklärungen möglich.

❸ *Ich habe Angst vor den Folgen meiner Kritik.*

Kommentar: Negative Folgen können eintreten, wenn die Kritik aggressiv, anklagend und unbeherrscht geäußert wird. In manchen

Situationen (z. B. bei Bedrohung der existentiellen Situation) sollten Vor- und Nachteile einer Äußerung von Ärger gegeneinander abgewogen werden.

Es gibt sicherlich noch viele weitere Vorbehalte und Befürchtungen, die mit einer Äußerung von Ärger oder negativer Kritik verbunden sind. Es ist wichtig, diese auf ihren Realitätsgehalt hin zu überprüfen. Ärger und Aggressionen werden noch allzuoft mit zerstörerischen und negativen Antrieben gleichgesetzt, die es zu beherrschen gilt. Viele Menschen versuchen, Ventile zu finden, um angestauten Ärger abzulassen. Sport, Bewegung und Hobbys können dazu beitragen. Diese Form der Bearbeitung ist oft auch sinnvoll. Es besteht jedoch die Gefahr, daß sich vermeintliche Abreaktionsmöglichkeiten (z. B. bei Massenveranstaltungen auf dem Fußballplatz, in gewalttätigen Demonstrationen) nicht immer als Ventile bewähren, sondern manchmal zur Aggressions- beziehungsweise Erregungssteigerung beitragen. Auf Grund von ungünstigen Einflüssen, wie sie zum Beispiel bei Massenbewegungen auftreten, können sich vormals sinnvolle Tätigkeiten ins Gegenteil verwandeln, das heißt in Unbeherrschtheit und Zerstörungswut.

Aggression und Ärger sollten – im positiven Sinne verstanden – auch Impulse zur Veränderung geben. Wer sich ärgert, ist besonders motiviert dazu, diesen für ihn unangenehmen Zustand zu verändern. Fassen Sie also Ärger als *Chance zur Veränderung* auf.

Wenn Sie dazu noch auf einige Aspekte beim Umgang mit Ärger achten, können Sie im zwischenmenschlichen Bereich davon profitieren und Mißverständnisse verhindern:

UMGANG MIT ÄRGER

1. Ärger ist die Chance und Motivation zur Veränderung.

2. Warten Sie nicht zu lange passiv auf die Bewältigung Ihrer ärgerlichen Stimmung. Wer zuviel Ärger aufstaut, wird schnell unbeherrscht.

3. Überlegen Sie, warum Sie sich geärgert haben. Manchmal liegen die Anlässe und Ursachen nicht beim Gesprächspartner, sondern in der eigenen Person (in persönlichen Schwierigkeiten, Minderwertigkeitsgefühlen).

4 Wägen Sie ab, ob es sich lohnt, den Ärger zu äußern. Wenn der Anlaß zu unwichtig oder eine Veränderung der Situation nicht mehr möglich ist, sollte eine andere Form der Bewältigung gewählt werden (mit Unbeteiligten reden, sich mit der Situation abfinden usw.).

5 Klagen Sie den anderen Menschen nicht an, sondern drücken Sie Ihre persönlichen Gefühle aus, und beschreiben Sie konkret, was Sie geärgert hat.

6 Teilen Sie dem Partner bei einer Kritik immer auch Änderungsvorschläge mit, oder bitten Sie ihn um gemeinsame Erarbeitung von Alternativen.

7 Vorbeugen ist immer günstig. Wer gelassen und ausgeglichen ist, hat weniger Anlaß dazu, sich zu ärgern. Ausreichende Entspannung (siehe Kap. »Entspannungsverfahren«), Einhaltung zeitlicher Spielräume beim Gestalten des Terminkalenders, Vermeidung von typischen Ärgerauslösern (z. B. Lärm) verhindern manche Mißverständnisse und Auseinandersetzungen.

Manchmal ist es sinnvoll, sich vor einer Aussprache ein schriftliches Konzept zu machen, das folgende Punkte enthalten sollte:

- Situationsbeschreibung,
- Anlässe zum Ärgern,
- Beschreibung der Gefühle,
- Bewältigungsmöglichkeiten.

Wer seinen Ärger aufschreibt, muß ihn genau beschreiben und konkretisieren. Konkret beschriebene Situationen sind der Veränderung besser zugänglich als diffuse Gefühle oder Katastrophengedanken.

UMGANG MIT ÄRGER / Beispiel

Situation:
Im Büro. Kollegen kommen den ganzen Tag über mit Fragen und Problemen, so daß die anstehende Arbeit liegenbleibt. Konzentrationsfähigkeit sinkt, Nervosität und Anspannung nehmen immer mehr zu.

► **Worüber haben Sie sich im einzelnen geärgert?**
Kollegen halten es für selbstverständlich, jederzeit mit Fragen kommen zu dürfen. Sie bemerken nicht, daß sie stören. Manche Kollegen werden immer unselbständiger und tragen Ihnen die kleinsten Probleme vor.

▶ **Welche Gefühle sind ausgelöst worden?**
Gefühle des Ausgenutztseins, Überlastungsgefühle.

▶ **Wie haben Sie sich bisher verhalten?**
Ärger geschluckt. Stets hilfsbereit.

▶ **Was wollen Sie zukünftig ändern?**
(Notieren Sie vorerst alle Änderungsideen, und überprüfen Sie sie erst dann auf Ihre Durchführbarkeit.)

Änderungsideen:

- Sprechstunde einführen
- Nein sagen
- Arbeiten delegieren
- Kollegen unterweisen

KONTAKTE AUFNEHMEN UND VERTIEFEN LERNEN

»Was bedeutet ›zähmen‹?« fragte der kleine Prinz. »Es bedeutet: sich vertraut machen«, sagte der Fuchs ... »Man kennt nur die Dinge, die man zähmt. Wenn Du einen Freund willst, so zähme mich, ... so werden wir einander brauchen. Du bist zeitlebens für das verantwortlich, was du dir vertraut gemacht hast.«
SAINT-EXUPÉRY, »Der kleine Prinz«

Beispiel:

Herr Kunde ist auf Grund eines beruflichen Wechsels in eine andere Stadt umgezogen. Während der ersten Monate ist er damit beschäftigt, seine neue Wohnung einzurichten und sich am Arbeitsplatz mit den neuen Aufgaben und Anforderungen vertraut zu machen. Obwohl es ihm gelingt, sich innerhalb kurzer Zeit in das Aufgabengebiet einzuarbeiten, fühlt er sich unwohl und unglücklich. Die Kollegen am Arbeitsplatz sind ihm auch nach Monaten noch fremd, und in dem Wohnblock, in dem er wohnt, kennt er niemanden. Es fällt ihm schwer, auf andere Menschen zuzugehen; und so zieht er sich zurück und versucht, seine Einsamkeit zu überdecken, indem er viel arbeitet.

Herr Kunde ist nicht der einzige, der unter Einsamkeit leidet. Gemeint ist nicht die bekannte Trennungsleere, die als normale Reaktion auf eine soziale Veränderung (Abschied, Umzug) kurzfristig auftritt und nach einer Anpassungszeit wieder verschwindet. Wir machen uns vielmehr Gedanken über einen Zustand, der längere Zeit anhält und mit einem besonders großen Leidensdruck verbunden ist.

Abb. 9: Kontaktprobleme

Ein äußeres Zeichen für Einsamkeit kann die kleine Anzahl der sozialen Kontakte darstellen. Nicht wenigen Menschen fällt es schwer, auf andere Menschen zuzugehen und ein Gespräch zu beginnen. Sie haben Schwierigkeiten, *Kontakte anzuknüpfen*. Jedoch nicht immer ist die Anzahl der Kontakte ein sicheres Kriterium dafür, ob sich jemand einsam fühlt oder nicht. Vielleicht gehören Sie zu jenen Menschen, die viele Bekannte haben, jedoch zu keinem eine intensive Beziehung herstellen können und sich sehr allein fühlen. Sie haben Schwierigkeiten, *enge Beziehungen einzugehen* und aufrechtzuerhalten. Oft liegen die Ursachen in früheren negativen Erfahrungen begründet.

Beide Aspekte von Kontaktproblemen, Hemmungen beim Anknüpfen von Kontakten und bei deren Vertiefung, sollen Thema dieses Kapitels sein. Es geht hier jedoch nicht darum, eine Rolle einzustudieren nach dem Motto: »Wie spreche ich am besten Mitmenschen an und stelle einen Kontakt zu ihnen her«. Wer sich an bis ins kleinste definierte Handlungsanweisungen bei der Herstellung von Kontakten klammert, wirkt auf seine Mitmenschen starr und künstlich. Sie sollten Ihre eigene Person einbringen, das heißt bei der Kontaktaufnahme Sie selbst sein. Dabei hilft es Ihnen jedoch, auf bestimmte Strategien zu achten, die einen Kontakt begünstigen und die erlernt werden können. Selbstverständlich lassen sich Sympathien oder Antipathien nicht durch Training produzieren. Sympathie und Antipathie werden vom ersten Eindruck und der subjektiven Einschätzung geprägt.

Wir beginnen mit dem Vorhaben, Kontakte herzustellen. Die Schwierigkeiten setzen bereits ein, bevor der eigentliche Kontakt zwischen zwei Menschen zustande kommt. Möglicherweise haben auch Sie negative Gedanken und Vorbehalte, die eine Kontaktaufnahme beeinträchtigen oder gar verhindern.

► Vorbehalte und Befürchtungen können eine Kontaktaufnahme beeinträchtigen oder verhindern.

Einige dieser behindernden Gedanken finden Sie im folgenden aufgeführt. Stellen Sie fest, welche dieser Vorbehalte auf Sie zutreffen, und vervollständigen Sie die Liste. Danach überprüfen Sie diese Befürchtungen auf ihren Realitätsgehalt und versuchen, sie so umzuformulieren, daß sie einen Sinn ergeben und einen positiven beziehungsweise realen Inhalt erhalten.

BEHINDERNDE GEDANKEN; VORBEHALTE	→	**VERÄNDERTE REALISTISCHE GEDANKEN**
Ich möchte anderen nicht zur Last fallen.	→	Wenn ich anderen Menschen zur Last falle, können sie es mir ehrlich sagen ...
Ich habe Angst, daß andere eine nähere Beziehung mit mir ablehnen.	→	Ich kann nicht davon ausgehen, daß mich alle meine Mitmenschen mögen. Auch ich mag nicht alle Menschen, vielmehr nur diejenigen, die mir sympathisch sind. ...
Ich bin es nicht wert, daß andere Menschen mich zum Freund haben.	→	Woran bemißt sich der Wert eines Menschen? Ich will versuchen, den »Wert« meiner Person einzuschätzen ...
Ich habe Angst, daß ich beim Anknüpfen des Kontaktes etwas falsch mache.	→	Fertigkeiten müssen erst eingeübt und trainiert werden; dies gilt auch für das Anknüpfen von Kontakten. ...

Ich befürchte, daß ich nicht weiß, worüber ich mit meinem Gesprächspartner reden soll. →	Ich kann mich über bestimmte allgemein interessierende Themen vorher informieren. Ich »muß« nicht immer reden. Auch der andere kann etwas sagen, etwas gegen das Schweigen tun...
Weitere behindernde Gedanken/ Vorbehalte: .... →	....

Sicher fallen Ihnen noch manche Gedanken, Vorbehalte oder Befürchtungen ein, die Sie beim Anknüpfen von Kontakten behindern. Versuchen Sie, sich an einige Situationen in der Vergangenheit zu erinnern, in denen Sie mit anderen Menschen zusammen waren. Formulieren Sie diese Gedanken, und verändern Sie sie anschließend (siehe Beispiele oben).

Beispiel:

Petra hat vor vier Monaten eine neue Stelle als Krankenschwester in einem Krankenhaus angetreten. Die Arbeit macht ihr zwar viel Spaß, jedoch zu den anderen Kolleginnen konnte sie bisher keinen engeren Kontakt herstellen. Sie hat den Eindruck, daß diese sich bereits lange kennen und eng miteinander befreundet sind.

Petra fühlt sich als Außenseiterin und zieht sich während der gemeinsamen Pausen immer mehr von den anderen Schwestern zurück. Sie hat Angst, von ihnen abgelehnt zu werden, wenn sie sich darum bemüht, ihnen näherzukommen. Schließlich sollen die Kolleginnen nicht denken, daß Petra sich ihnen aufdrängen will. Deshalb verhält sie sich sehr sachlich und distanziert ihnen gegenüber, woraufhin die Kolleginnen ihr mit zunehmender Skepsis begegnen.

Als sie zufällig eine ihrer Kolleginnen bei einem Stadtbummel trifft, ergibt sich spontan ein längeres Gespräch zwischen den beiden. Schließlich verabreden sie sich sogar zu einem gemeinsamen Kinobesuch am Abend. Der Bann ist gebrochen, und Petra erfährt, daß ihre Kolleginnen anfangs keinen Kontakt zu ihr herstellen wollten, weil sich Petra so kühl und zurückhaltend verhalten hatte. So entstanden auf beiden Seiten Vorurteile und Befürchtungen, die sich mit der Zeit vertieften. Petra unterhält sich während der nächsten Kaffeepause mit den anderen Schwestern, und die Mißverständnisse lassen sich beheben.

Vorbehalte und Befürchtungen können also eine Kontaktaufnahme beeinträchtigen oder gar verhindern. Manche Befürchtungen klären sich auf, wenn man mit anderen Menschen über sie spricht; andere können dadurch verändert werden, daß sie auf ihren Realitätsgehalt, nach ihrer Berechtigung, überprüft werden.

Stellen wir uns eine erste Kontaktaufnahme mit einem anderen Menschen einmal näher vor. Die Frage taucht nun auf, wer den ersten Schritt tut. Unsichere Menschen warten meistens, bis sie von anderen angesprochen werden.

Es ist jedoch günstiger, selbst den ersten Schritt zu wagen, und zwar aus folgenden Gründen:

- Wer Pech hat, kann lange warten, bis er angesprochen wird.
- Wer selbst die Initiative ergreift, hat die Möglichkeit, seine Gesprächspartner – je nach Sympathie – selbst auszuwählen.

Dies ist natürlich mit dem Risiko verbunden, eine Absage zu bekommen. Eine Absage braucht man aber durchaus nicht mit einer Katastrophe gleichzusetzen, sondern sie besagt nur, daß Sie nicht jedem Menschen auf Anhieb sympathisch sein können. – Umgekehrt trifft dies ja auch zu.

➽ Ziel ist es also, sich zu trauen, jemanden anzusprechen und Angst und Unsicherheit zu verringern.

Hier bietet sich als Vorgehensweise die Technik der *schrittweisen Entängstigung* an. Dazu ist es günstig, wenn Sie die ersten Versuche in einer Umgebung starten, in der Sie sich relativ sicher fühlen. Dies wäre zum Beispiel in einer Therapie- beziehungsweise Selbsterfahrungsgruppe der Fall, in der Sie mit neuen Verhaltensweisen ohne große Angst experimentieren und durch neue Erfahrungen Ihr Verhaltensrepertoire erweitern könnten.
Sie selbst sollten sich in einer stabilen Verfassung befinden. Wer stark angespannt ist und schwitzt oder zittert, wird nur ein verkrampftes Gespräch beginnen können. Hier eignet sich zur Vorbereitung der Einsatz von Entspannungsverfahren (vgl. »Entspannungsverfahren, S. 114 ff.). Denn: Nur wer *entspannt* ist, kann seinerseits eine »entspannte« Atmosphäre schaffen.

Ein weiterer Bestandteil der schrittweisen Entängstigung ist die dosierte Konfrontation mit angstmachenden, also schwierigen Situationen (vgl. S. 57 ff.). Nur die Auseinandersetzung mit der Angst verringert diese. Sie gehen in kleinen Schritten vor, das heißt:

- Sie schreiben zuerst verschiedene Situationen auf, in denen Sie Kontakte anknüpfen können (z. B. am Arbeitsplatz, beim Wohnungsnachbarn, mit Hilfe einer Zeitungsannonce, bei Einladungen zu Festen, in der Kantine, in einem Club, Verein, Fortbildungskurs usw.) und

- ordnen sie anschließend nach ihrem Schwierigkeitsgrad.
- Dann beginnen Sie mit der Einübung der leichtesten Situation.
- Sie bereiten sich vorher auf die Situation vor: Überlegen Sie sich, unter welchen Bedingungen es günstig ist, jemanden anzusprechen (z.B. bei Kollegen in der Mittagspause). Worüber wollen Sie sich unterhalten? Wollen Sie über sich selbst, über Sachthemen oder sonstige Themen sprechen? Sie können auch auf den Gesprächspartner eingehen, indem Sie sein augenblickliches Befinden ansprechen (z.B. »Sie sehen aber verärgert aus« usw.).

Wir sollten hier auf keinen Fall jeden einzelnen Schritt vorprogrammieren, da Ihr Verhalten dann einstudiert und künstlich wirken würde. Es sollen lediglich Anhaltspunkte aufgezählt werden, die Ihnen bei der ersten Kontaktaufnahme behilflich sind. Eine sorgfältige Vorbereitung kann sich als günstig erweisen – *Spontaneität vermag jedoch manche Situation aufzulockern.*

In der Therapiegruppe erfahren Sie, wie Ihr Verhalten (auch das nicht-sprachliche wie Mimik, Gestik, Körperhaltung) auf andere wirkt. Sie erhalten nach Rollenspielen die Rückmeldung der anderen Beteiligten. Sie können Ihr Verhalten ausprobieren und, wenn nötig, korrigieren.

➽ Es ist günstig, andere Menschen so anzusprechen, daß sie sich persönlich akzeptiert fühlen.

Auch nicht-sprachliche Aspekte wie Gesichtsausdruck, Körperhaltung spielen eine wichtige Rolle im Kontakt mit anderen Menschen. Sie können mit Hilfe einer Übung vor dem Spiegel testen, wie Sie selbst wirken.

SPIEGEL-ÜBUNG

1 Stellen Sie sich vor einen großen Spiegel, in dem Sie Ihre ganze Person sehen können.

2 Wie schätzen Sie selbst Ihre Ausstrahlung ein?
Wirken Sie insgesamt eher
(Kreuzen Sie das für Sie Zutreffende an.)

offen	☐	oder	verschlossen	☐
locker	☐	oder	verkrampft	☐
freundlich	☐	oder	unfreundlich	☐
humorvoll	☐	oder	ernst	☐
interessiert	☐	oder	uninteressiert	☐
warm	☐	oder	kalt	☐

3 Versuchen Sie jetzt, das Gegenteil von einer Idealfigur darzustellen. Drücken Sie Abwehr, Mißtrauen, Skepsis und Verschlossenheit mit Hilfe von Gestik, Mimik und Körperhaltung aus (z.B. Mundwinkel nach unten ziehen oder Arme vor dem Körper verschränken). Wie fühlen Sie sich dabei?

4 Nach einiger Zeit entspannen Sie sich und werden ganz locker. Versuchen Sie nun, einen möglichst freundlichen, aufgeschlossenen und interessierten Eindruck zu machen.
Achten Sie dabei auf eine lockere Körperhaltung. Wie fühlen Sie sich?

5 Wiederholen Sie diese Übungen noch einmal.

Sie können diese Übung auch mit einer Ihnen nahestehenden Person oder in der Therapiegruppe ausprobieren. Mit Hilfe dieser Übung bekommen Sie mit der Zeit selbst ein gutes Gefühl dafür, wie Sie nach außen wirken.

Für den weiteren Gesprächsverlauf bei der Kontaktaufnahme ist es wichtig, auf einige empfehlenswerte Gesprächsregeln zu achten:

- Hören Sie Ihrem Gesprächspartner zu und gehen Sie auf das Gesagte ein.

Kommentar: Es gibt viele Menschen, die gar nicht zuhören, wenn ihnen jemand etwas erzählt. Sie sind meistens mit sich selbst beschäftigt und bestrebt, nur ihre eigenen Gedanken und Sorgen mitzuteilen. Dadurch können leicht Verstimmungen entstehen. Man redet aneinander vorbei.

- Überschütten Sie Ihren Gesprächspartner nicht mit einem Wortschwall, so daß dieser keine Gelegenheit mehr findet, seine eigene Meinung zu äußern.

Kommentar: Partner, die nicht mehr am Gespräch beteiligt werden, hören nach einiger Zeit nicht mehr zu oder brechen ein Gespräch ab, da sie ihre Meinung nicht äußern können.

● Schweigen Sie nicht zu lange während eines Gesprächs.

Kommentar: Wer schweigt, stimmt dem Gesagten des Gesprächspartners zu oder wirkt desinteressiert. Ein angeregtes Gespräch, eine aktive Auseinandersetzung, kann nicht entstehen.

● Reden Sie nicht zu leise.

Kommentar: Wer zu leise redet, wird oft überhört. Für den Zuhörer ist es sehr anstrengend, leisen Unterhaltungsbeiträgen über längere Zeit hinweg zu folgen.

● Reden Sie auch nicht zu laut.

Kommentar: Lautes Reden wirkt sich störend auf das Gespräch aus. Für den Zuhörer ist es belastend, über längere Zeit hinweg »bombardiert« zu werden.

● Wechseln Sie nicht nach kurzer Zeit schon das Thema.

Kommentar: Häufiger Themenwechsel verhindert die Vertiefung eines Gesprächs. Das Gespräch bleibt an der Oberfläche und macht auf das Gegenüber keinen gewinnenden Eindruck.

➽ Solange Gespräche belanglos bleiben und lediglich allgemeine Themen (Wetter, Nachbarschaftsklatsch) angesprochen werden, kann es zu keinem intensiveren Kontakt kommen. Eine Beziehung wird erst dann vertieft und gefestigt, wenn man sich »näher« kommt.

Möglicherweise haben Sie jedoch Angst vor der Nähe?
Sobald eine Beziehung enger wird, ziehen Sie sich sofort in ihr »Schneckenhaus« zurück. Es sind oft bestimmte Befürchtungen, die hinter dieser Angst stehen. Da ist vor allen Dingen die Angst, abgelehnt, nicht verstanden oder verletzt zu werden. Befürchten Sie, die Anerkennung anderer Menschen nicht zu erhalten, verstecken Sie sich häufig hinter einer Maske der Freundlichkeit und Unverbindlichkeit, oder geben Sie sich betont kühl und distanziert?

► Viele Menschen haben Angst, den Erwartungen ihrer Mitmenschen nicht zu entsprechen.

Fällt es Ihnen schwer, über negative Gefühle oder Probleme zu sprechen?
Sie haben Angst, daß Sie dadurch Schwächen offenbaren und auf diese Weise die Anerkennung von Mitmenschen verlieren? Fehleinstellungen wie »Man muß sich beherrschen, zusammennehmen« oder »Die persönlichen Probleme gehen den Nachbarn nichts an« sind häufig die Ursachen für die Entstehung eines Schutzpanzers.

➽ Wer immer den Clown spielt, ein »Poker-Gesicht« aufsetzt oder den Überlegenen vorkehrt, kann keine engere Beziehung aufbauen!

Es ist wichtig, sich über diese Konsequenz fassadenhaften Verhaltens klarzuwerden. Aufgedrehte und stets freundliche Menschen können zwar die Aufmerksamkeit anderer Menschen für kurze Zeit auf sich ziehen; für eine Freundschaft reicht dieses Verhalten jedoch nicht aus.

- Betont distanziertes, kühles Verhalten ruft beim Mitmenschen ebenfalls Skepsis und Distanz hervor, ganz automatisch, auch wenn Sie Ihr Abstandhalten im Grunde nicht bewußt eingesetzt haben.

Ängste und Befürchtungen (z.B., daß andere die persönlichen Schwächen erkennen) sind veränderbar. Die Ursachen dieser Beziehungsängste liegen, wie früher ausgeführt, oftmals in der Kindheit und sind für den Laien nicht immer erkennbar. In diesem Fall dürfte es sich lohnen, die Hilfe eines Fachmannes, und zwar eines Diplom-Psychologen beziehungsweise Psychotherapeuten, in Anspruch zu nehmen. Sie finden Kontaktadressen auf Seite 123 und weitere Adressen im Branchenverzeichnis Ihres Telefonbuches unter den Stichworten »Psychologie« und »Psychotherapie«, Literaturangaben zu Beziehungsängsten finden Sie im Literaturverzeichnis unter den Autorennamen SCHMIDBAUER, TAUSCH, CASRIEL u. a.

➽ Zum Aufbau einer guten Beziehung gehört weiterhin die Fähigkeit, Gefühle ausdrücken zu können, Kritik angemessen zu äußern und Interessen sowie Bedürfnisse öfters durchzusetzen.

Diese Themen wurden bereits in den vorangegangenen Kapiteln behandelt. Diese Fähigkeiten sind für Sie nie uninteressant.
Denn Sie wünschen sich ja nicht eine ungleichgewichtige Partnerschaft, in der Sie verunsichert, Ihre Rechte ignoriert und Sie über kurz oder lang ausgenützt werden.

Einstellungs- und Gedankenveränderung

NEGATIVE GEDANKEN UND NEGATIVE SELBST-BEEINFLUSSUNG VERÄNDERN

Als ängstlicher und unsicherer Mensch haben Sie häufig eine negative Einstellung zu sich selbst und dem Leben im allgemeinen. Diese negative Einstellung äußert sich im Alltag in bestimmten Gedanken des Selbstzweifels und in Selbsteinreden. Sie reden sich ein, etwas nicht zu schaffen, oder gehen bereits mit Skepsis und Mißtrauen an die Bewältigung von Aufgaben heran. »Ach, das hat ja doch keinen Sinn« oder »Ich schaffe es bestimmt nicht« sind typische Gedanken. Sie haben oft Vorbehalte und Befürchtungen und fühlen sich, wenn etwas schiefgeht, stets dafür verantwortlich. Die Ursachen für diese Verunsicherung liegen in der persönlichen Lerngeschichte, in Erziehungsmethoden, Einstellungen der Eltern, in schmerzlichen Erfahrungen, die im Laufe der Entwicklung gemacht wurden, in einem geringen Selbstwertgefühl.
Eine extreme Ausprägung dieser behindernden Lebenshaltung ist der *Aberglaube*. Abergläubische Menschen befürchten, daß sich ein Unglück ereignet, wenn ein Freitag auf den Dreizehnten eines Monats fällt oder eine schwarze Katze über ihren Weg läuft. Tatsächlich haben befürchtete Ereignisse eine Tendenz sich zu verwirklichen. Dieser Mechanismus läßt sich jedoch leicht erklären:

- ► Wer sich ständig einredet, daß sich etwas Unangenehmes ereignet, verhält sich ängstlicher und unsicherer, so daß die Wahrscheinlichkeit sich erhöht, daß etwas passiert. Man bezeichnet diesen Zusammenhang als *»self-fulfilling prophecy«* (sich selbst erfüllende Prophezeiung).

Negative Einstellungen können die Denk- und Handlungsfähigkeit eines Menschen entscheidend beeinträchtigen, wie es das folgende Beispiel zeigt:

»Hoffentlich mache ich nicht wieder den gleichen Fehler. Es wäre eine Katastrophe, wenn ich das Problem dieses Mal nicht lösen könnte! Dann bin ich meinem jetzigen Aufgabenbereich gar nicht mehr gewachsen.« Mit diesen Worten setzt sich Herr Griebe an seinen Schreibtisch und schlägt laut seufzend die Akte auf. Er versucht krampfhaft, sich auf die Aufgabe zu konzentrieren. Aber hinderliche Gedanken und Befürchtungen stellen sich schon nach kurzer Zeit wieder ein und lenken ihn von der Problemstellung ab. »Ich schaffe es auf keinen Fall, wenn ich so weitermache«, denkt Herr Griebe bei sich und sucht verzweifelt nach der Lösung. Nach zweieinhalb Stunden lehnt er sich erschöpft im Stuhl zurück. Es ist bereits

eine Stunde nach Dienstschluß. Resigniert und müde verläßt er das Büro und fährt nach Hause.
Am nächsten Morgen fühlt er sich wesentlich frischer und ausgeruhter als am Vorabend. Er setzt sich erneut an seinen Schreibtisch und nimmt sich die Aufgabe in Gedanken vor: »Na, das wollen wir doch 'mal sehen, ob wir das Problem nicht lösen!« Er fertigt zuerst eine Skizze an und schreibt alle Ideen auf, die ihm zur Lösung einfallen. Des weiteren holt er sich fehlende Informationen bei seinen Kollegen – und nach einer Stunde ist die Lösung gefunden!

Sie sehen an diesem Beispiel, wie eine »Katastrophenstimmung« die Kreativität und Entscheidungsfreude eines Menschen lahmlegt, wie aber eine positive Selbstbeeinflussung (»Heute schaffe ich es bestimmt«) sofort auch die Voraussetzungen zum Gelingen einer Aufgabe schafft.
Manche Menschen leiden ständig unter den Folgen ihrer negativen Lebenseinstellung, und sie übertragen diesen Pessimismus auch auf ihre Mitmenschen. Sie unterstellen jenen die eigenen negativen Gedanken und Erwartungen, ohne es selbst zu merken. Man bezeichnet diesen Vorgang in der Psychoanalyse als *»Projektion«*. Kein Wunder, daß diese subjektive Sichtweise, diese »Projektion«, ein negatives Menschenbild zur Folge hat und vertrauensvolle Kontakte fast unmöglich macht.

» Um selbstsicherer zu werden und das eigene Selbstwertgefühl zu erhöhen, ist es wichtig, negative Einstellungen und Gedanken zu verändern. Eine Veränderung setzt voraus, daß Sie lähmende Gedanken und Selbsteinreden erkennen. Denn viele dieser Gedanken laufen nahezu automatisch ab und werden von Ihnen oftmals nicht wahrgenommen oder als unwichtig erachtet.

Als ersten Schritt zur systematischen Bearbeitung fertigen Sie *Beobachtungsprotokolle* an, in denen Sie Selbstgespräche und Gedanken notieren, die **vor, während** und **nach** unangenehmen oder schwierigen Situationen auftreten. Wählen Sie circa drei Situationen aus, die Ihnen während der nächsten Tage bevorstehen. Eine Vorlage mit Beispielen zur Veranschaulichung finden Sie im folgenden:

BEOBACHTUNGSPROTOKOLL	
Situation/Problem:	Schwierige Aufgabe
Negative Gedanken/Selbstgespräche	
• ***vor*** **der Situation:**	z.B.: Es ist schlimm, wenn mir Fehler unterlaufen.

	Ich muß die Lösung unbedingt finden. Ich muß es besonders gut machen.
• ***während* der Situation:**	z. B.: Wenn ich nicht sofort die Lösung finde, ist dies eine Katastrophe. Hoffentlich werde ich nicht nervös.
• ***nach* der Situation:**	z. B.: Ich bin schuld, daß es nicht geklappt hat. Es ist immer dasselbe. Es hat ja doch keinen Sinn.

Oft ist es nicht möglich, Selbstgespräche während einer Situation zu notieren. In diesem Fall lassen sich jedoch Rückschlüsse auf die Selbstgespräche aus den Gedanken vor und nach der Situation ziehen.
Wenn Sie sich diese Selbstgespräche näher anschauen, können Sie bestimmte typische, immer wiederkehrende Merkmale in Formulierung und Inhalt erkennen. Veränderungsmöglichkeiten ergeben sich, wenn Sie diese Merkmale daraufhin überprüfen, wie sinnvoll sie sind beziehungsweise inwiefern sie den Tatsachen entsprechen.

- Negative Gedanken enthalten oft Imperative wie zum Beispiel »muß« oder »sollte«.

Veränderung: Wörter wie »muß« oder »sollte« bewirken beim Handelnden, daß er sich unter Druck setzt, etwas besonders gut zu machen. Druckgefühle lösen jedoch Verspannungen und Verkrampfungen aus und beim Denken eingeschränkte Mobilität (»Ein Brett vor dem Kopf haben«).
Um diesen Druck zu verringern, wählen Sie Worte wie »Ich versuche« oder »Ich will«. Mit Hilfe dieser Formulierungen unterstreichen Sie zudem, daß Sie selbst Ihr Handeln steuern und dafür verantwortlich sind.

- Negative Gedanken beginnen oft mit Wörtern wie »wenn« oder »aber« …

Veränderung: Wer häufig mit Vorbehalten an ungewohnte oder schwierige Situationen herangeht, hat nicht den Mut, etwas Neues auszuprobieren, und Angst vor Mißerfolgen. Wenn Sie schwierigen Situationen ausweichen, unangenehme Tätigkeiten ständig aufschieben, können Sie weder positive noch negative Erfahrungen machen, das heißt auch nicht hinzulernen. Die Situationen/Tätigkeiten erscheinen dadurch unüberwindlich und angstbesetzt. Versuchen Sie, Einstellungen zu erlernen, die Ihnen die Auseinandersetzung mit Problemen erleichtern und die Angst vor Mißerfolgen nehmen wie »Es ist nicht schlimm, wenn ich einen Fehler mache« oder »Ich kann aus Mißerfolgen lernen, wie ich es das nächste Mal besser machen kann!«
Gehen Sie weiterhin Befürchtungen auf den Grund wie »Was passiert wirklich, wenn Sie einen Fehler machen oder eine Aufgabe nicht 100%ig erfüllen?« Sie können die Erfahrung machen, daß Befürchtungen, denen Sie intensiv nachgehen, oft ihre angstmachende und einschränkende Wirkung verlieren.
Häufig stellen Sie auch überhöhte Anforderungen an sich. In diesem Fall überprüfen Sie, ob Sie die Grenzen Ihrer Leistungsfähigkeit realistisch einschätzen. Sich das Unmögliche vorzunehmen, führt fast immer zu einem Mißerfolg.

- Negative Gedanken enthalten oft unzulässige Verallgemeinerungen oder Übertreibungen wie zum Beispiel »Mich mag ja doch keiner« oder »Immer geht alles schief«.

Veränderung: Typische Wörter sind »keiner«, »man«, »immer«, »alle«, »nie« usw. Versuchen Sie, diese Wörter durch konkrete Angaben von Personen, Gegebenheiten zu ersetzen, wie »man« durch »ich« oder »wir«, oder »immer« durch die Angabe des Zeitpunktes oder der konkreten Situation. Verallgemeinerungen führen bei Ihnen zu Gefühlen der Hilflosigkeit und Resignation, während konkrete Benennungen Probleme eingrenzen und Veränderungen dadurch erleichtern.

- Negative Gedanken verbinden sich gern mit Katastrophenvisionen wie »Wenn mich nicht alle Kollegen akzeptieren, bin ich nichts wert« oder »Wenn ich Fehler mache, ist dies eine Katastrophe«.

Veränderung: Katastrophengedanken beruhen oft auf extremen Normen und Fehleinstellungen wie »Jeder Mensch muß mich mögen« oder »Ich darf keine Fehler machen«! Diese Normen sind überhöht und entsprechen nicht der Realität. Es kommt darauf an, realistische Einstellungen zu erlernen wie »Nicht alle Menschen mögen mich (so wie mir auch nicht alle gleich gut gefallen)« oder »Ich gestehe mir das Recht zu, Fehler zu machen, meine Meinung zu ändern oder ›Ich weiß nicht‹ zu sagen«. Weiterhin sollten Sie überprüfen, ob Sie ein zu hohes oder zu niedriges Anspruchsniveau haben, das Ihren ganz persönlichen Möglichkeiten nicht entspricht.

- Negative Einstellungen und Selbstgespräche befrachten sich auch mit angstmachenden Phantasien wie »Hoffentlich fange ich nicht an zu stottern, wenn ich …«

Veränderung: Manche Menschen haben ein großes Talent, sich ihre Befürchtungen immer weiter auszumalen und sich in ihre Angst hineinzusteigern. Es ist wichtig, auf den Boden der Tatsachen zurückzukommen, indem die negativen Gedanken sofort unterbrochen werden. Wenn Sie zum Beispiel merken, daß Sie sich immer stärker in Ihre Angst verrennen, sagen/denken Sie sofort »**STOP!**«

Ich will jetzt sofort aufhören, diese angstmachenden Gedanken weiterzudenken. Sie entsprechen nicht der Realität.« Mit Hilfe dieses **Gedankenstops** können Sie automatisch ablaufende angstverstärkende Gedanken schnell unterbrechen und kontrollieren. Eine passende Methode zur Überprüfung negativer Gedanken auf ihre Berechtigung ist die *Rational-emotive Therapie* von Ellis, die im folgenden näher dargestellt wird.

Wenn Sie den Eindruck haben, daß Sie Ihre negativen Gedanken nicht mehr kontrollieren können, dann wird es Zeit, daß Sie feststellen, daß Ihr Anflug von Panik ins Irrationale läuft und einfach nicht den Tatsachen entspricht.

Sie gehen dabei folgendermaßen vor:

1 Schriftliche Formulierung der negativen Gedanken:

»Wenn ich um eine Gehaltserhöhung bitte, stehe ich vielleicht auf der ›Abschußliste‹, oder mir werden Aufgaben übergeben, denen ich nicht gewachsen bin.
Vielleicht denkt der Vorgesetzte, ich sei überheblich oder es nicht wert, mehr Geld zu bekommen.«

Beantworten Sie anschließend folgende Fragen:

2 Beruhen meine negativen Gedanken, Befürchtungen auf unumstößlichen Tatsachen?

Antwortbeispiel:

Nein. Ich habe es noch nicht gewagt, um Gehaltserhöhung zu bitten. Die Kollegen, die bereits eine Gehaltserhöhung durchgesetzt haben, sind zufriedener und werden allgemein mehr anerkannt.

3 Hilft mir meine übergroße Vorsicht, meine selbstgesteckten Ziele zu erreichen?

Antwortbeispiel:

Nein. Ich langweile mich, da ich immer dieselben Aufgaben erledigen muß, mich sehr anstrenge, aber keine Anerkennung spüre.

4 Sind meine Ziele zu hoch beziehungsweise zu niedrig gesteckt?

Antwortbeispiel:

Ja, zu niedrig. Ich kann viel mehr leisten, als von mir verlangt wird. Ich fühle mich von der Art der Arbeit unterfordert.

5 Hilft mir mein Denken, mich so zu fühlen, wie ich möchte?

Antwortbeispiel:

Nein, ich bin unzufrieden und fühle mich nicht dazu motiviert, mich weiterhin besonders anzustrengen und den Kollegen die Handlangerarbeiten abzunehmen.

Die aufgeführte Übung soll veranschaulichen, daß mit Hilfe einer ausführlichen Beantwortung der Fragen negative Gedanken und Einstellungen recht einfach auf ihre Berechtigung hin überprüft werden können und irrationale Anteile dabei erkannt und verändert werden. Wer sich näher mit dieser Methode beschäftigen möchte, findet im Literaturverzeichnis (s. S. 124) die entsprechenden Angaben unter ELLIS.

» Es ist wichtig, realistische Einstellungen zu üben, um auch Mißerfolge angemessen einschätzen zu lernen. Sie können zum Beispiel nicht erwarten, daß Sie von jedem Mitmenschen gemocht und anerkannt werden. Ebenso steht es Ihnen zu, Fehler zu machen wie alle anderen auch, das heißt nicht 100%ig perfekt zu sein. Die Devise *»Irren ist menschlich«* sollte zwar nicht zu Ihrem Lebensprinzip werden, mit dem Sie jedes mißglückte Verhalten entschuldigen, kann jedoch gerade bei Menschen, die zur Perfektion neigen, Leistungsdruck verringern, gelöstes, sicheres Verhalten bewirken und den Mut zu neuen Risiken und neuen Erfahrungen geben.

Eine Methode, die mit Hilfe positiver Selbsteinreden ebensolche Auswirkungen auf den körperlich-seelischen Bereich hat, ist das *Autogene Training*. Hier werden in der Fortgeschrittenenstufe auf persönliche Probleme abgestimmte *Formeln* entwickelt und trainiert, die zur Bewältigung von Konflikten oder schwierigen Situationen eingesetzt werden können. Wer sich zum Beispiel vorher einredete, einer Aufgabe nicht gewachsen zu sein, verwendet von nun an die Formulierung *»Ich bin ganz zuversichtlich, daß ich es schaffe«* oder *»Ich bin ganz ruhig und gelassen«*. Positive Suggestionen bewirken eine entspannte Körperhaltung, stärken Konzentrations- und Leistungsfähigkeit und nicht zuletzt das Wohlbefinden eines Menschen.

► Positive Selbstbeeinflussung »zieht« positive Erlebnisse »an« und macht erfolgreiches Handeln wahrscheinlicher.

Weitere Informationen zu diesem Verfahren erhalten Sie im Kapitel »Entspannungsverfahren« (s. S. 114ff.).

Wer beschließt, künftig seine Einstellungen, Gedanken oder Verhaltensweisen zu verändern, kann dieses Vorhaben durch Verträge oder Vorsätze unterstützen. Damit sind jedoch nicht die »guten Vorsätze« zum neuen Jahr gemeint, die bei den meisten Menschen am folgenden Tag bereits in Vergessenheit geraten, weil sie zu allgemein gefaßt und oft nicht realisierbar sind.
Sinnvolle Vorsätze enthalten immer konkrete Beschreibungen Ihrer Ziele, die Sie sofort in die Praxis umsetzen können.

Verträge sollten schriftlich festgehalten werden und für den Betroffenen jederzeit zugänglich sein. Wer im Laufe der Zeit feststellt, daß einzelne Vertragsbestandteile für ihn nicht durchführbar sind, ändert diese bei Bedarf.

Wer sich zum Beispiel dabei beobachtet, mit Hilfe von negativen Selbsteinreden der Auseinandersetzung mit einem Problem auszuweichen, kann beschließen:

VERTRAG:
Ich will nicht länger unangenehmen Tätigkeiten oder Situationen ausweichen und mich mit negativen Selbsteinreden in meinem Denken, Fühlen und Handeln behindern.

Ich werde von jetzt an negative Selbstgespräche sofort unterbrechen, Befürchtungen auf den Grund gehen und mich neuen Aufgaben und Situationen stellen, soweit sie meinen persönlichen Fähigkeiten und Möglichkeiten entsprechen.

Benutzen Sie die folgende Form für das Aufsetzen von Verträgen:

VERTRAG **Datum**

Ich will nicht länger ....

....

Ich werde von jetzt an ....

....

....

Ich werde vor/in folgenden Situationen diese neuen Möglichkeiten ausprobieren:

1. ....
2. ....
3. ....
4. ....
5. ....
6. ....
7. ....
8. ....
9. ....
10. ....

SELBSTWERTGEFÜHL ERHÖHEN

»Es gibt Momente in mir,
da habe ich mich lieb,
so wie ich bin …
da sehe ich alle Fehler an mir,
und ich mag mich …
da lasse ich mich los …
da möchte ich kein anderer sein,
um dir gut zu gefallen …
da fühle ich mich richtig wichtig …
da bin ich,
so wie ich bin.«
KLAUS HOFFMANN, »Veränderungen«

- Sind Sie oft mit sich oder Ihren Leistungen unzufrieden?
- Stellen Sie sich und Ihre Bedürfnisse häufig in den Hintergrund?
- Meinen Sie, Ihre Leistungen immer wieder unter Beweis stellen zu müssen?

Wenn eine oder mehrere dieser Fragen auf Sie zutreffen, liegt es auf der Hand, daß Sie unter dem Mangel an Selbstwertgefühl leiden. Der eine gleicht dies dadurch aus, daß er stets neue Beweise seiner Leistungsfähigkeit erbringt, um der Anerkennung anderer Menschen sicher zu sein. Der andere meint, stets bestimmte Rollen spielen zu müssen, in denen er sich als etwas Besonderes darstellt oder in den Vordergrund drängt. Und der Dritte verhält sich genau umgekehrt: Er bleibt im Hintergrund, um seine Unsicherheiten und Schwächen zu verbergen, um nicht aufzufallen. Allen gemeinsam ist, daß sie ihren wahren Wert nicht einzuschätzen wissen.

Wie ein geringes Selbstwertgefühl entsteht, habe ich schon im Teil II dieses Buches geschildert. Kinder, denen selbständiges Handeln aberzogen wurde (siehe das Beispiel der vierjährigen Lisa von Seite 34), entwickeln später meist Minderwertigkeitsgefühle. Als Erwachsene trauen sie sich nichts zu, gehen Schwierigkeiten aus dem Weg und überlassen die Bewältigung komplizierter Aufgaben ihren Lebenspartnern, die sie – eine verständliche Gegenreaktion – als unmündig behandeln. Vielleicht haben Sie sich aber auch in umgekehrter Weise entwickelt, und zwar im Sinne von »Jetzt will ich es den Eltern oder anderen Autoritätspersonen einmal zeigen, daß ich etwas wert bin«. Sie überfordern sich ständig, sind nie mit dem Erreichten zufrieden und verlangen immer mehr von sich selbst.

➽ Es ist wichtig, daß Sie zu erkennen lernen, was Sie wert sind, das heißt sich einschätzen lernen, sowohl in Ihren *Schwächen* als auch in Ihren *Stärken*, wie Sie im vorangestellten Text von KLAUS HOFFMANN lesen können.

Wer stets einseitig auf seine Schwächen schaut, verstärkt damit sein negatives Selbstbild und wird mit der Zeit überängstlich oder depressiv. Wer sich andererseits stets überdurchschnittliche Leistungen abverlangt, gelangt nie an ein Ziel und spürt die Konsequenzen in seinem körperlich-seelischen Wohlbefinden.

Beispiel:

Herr Müller ist vom äußeren Erscheinungsbild her klein und unauffällig. Bereits von Kindheit an hatte er den Eindruck, etwas Besonderes bewerkstelligen zu müssen, um von anderen Menschen beachtet und anerkannt zu werden. Seit fünf Jahren ist er nun verheiratet und Vater einer Tochter. Da er der Familie sowohl einen möglichst hohen Lebensstandard gewährleisten als auch beruflich Karriere machen möchte, leistet er oft Überstunden. Er stellt sehr hohe Ansprüche an die Qualität seiner Tätigkeit. Alles muß 100–150%ig gelingen, sonst ist er nicht mit sich zufrieden. Seit einem Jahr gehört er zu den besten Mitarbeitern im Betrieb und wurde deshalb schon zweimal befördert.
Als er einige Monate später einen Herzinfarkt bekommt, ist er wie vor den Kopf geschlagen und kann sein Mißgeschick gar nicht fassen. Es passiert das erste Mal in seiner beruflichen Tätigkeit, daß er wegen Krankheit ausfällt. »Wie soll es nur weitergehen? Jetzt ist alles aus!« denkt er bei sich. »Geschwächt durch Krankheit kann man nicht mehr seinen Mann stehen und ist nichts mehr wert.« Untergangsstimmung macht sich breit, und er fühlt sich deprimiert. – Nach einem sechswöchigen Krankenhausaufenthalt unterzieht sich Herr Müller zum Glück einer Anschlußheilbehandlung in einer Klinik. Erst hier findet er langsam zu sich. In Gesprächen mit Patienten und Fachleuten erkennt er, daß die Ursachen seiner Erkrankung in seinem überhöhten Leistungsstreben und letzten Endes in einem viel zu geringen Selbstwertgefühl liegen. In therapeutischen Gesprächen lernt Herr Müller, seine Einstellungen zu hinterfragen und zu verändern.

Kennzeichnend für Menschen wie Herrn Müller sind folgende Fehleinstellungen:

- Ich muß immer alles 100–150%ig machen!
- Ich verlange mehr von mir als andere Menschen von sich!

- Ich bin selten zufrieden mit mir und meinen Leistungen!
- Ich stelle sehr hohe Ansprüche an meine Person!

Überprüfen Sie, ob einige dieser Selbstzwänge auf Sie zutreffen. Wenn ja, versuchen Sie die Ursachen zu ergründen:

- ▶ Wem müssen Sie zum Beispiel zeigen, daß Sie etwas können oder etwas wert sind?
- ▶ Welche Vorteile bringt Ihnen dieses Verhalten (Anerkennung, Liebe, Respekt o.ä. ...)?
- ▶ Was passiert, wenn Sie nicht mehr überdurchschnittliche Leistungen erbringen?

➽ Versuchen Sie, Ursachen zu ergründen und Befürchtungen in ihren vermeintlichen Konsequenzen nachzugehen. (Verlieren Sie wirklich die Liebe Ihrer Mitmenschen, wenn Sie nicht ein Übersoll erfüllen?) Wer lernt, sein Verhalten zu verstehen, kann es eher verändern. Befürchtungen haben oft keine reale Basis. Wenn man ihnen nachgeht und sie überprüft, verlieren sie ihre angstmachende Wirkung.

Wenn Sie sich besonders häufig mit Ihren Schwächen und vermeintlich negativen Seiten beschäftigen, verstärken Sie damit Ihr negatives Selbstbild, und das erstens zu Unrecht und zweitens zu Ihrem eigenen Nachteil.
Beginnen Sie mit einer veränderten Einstellung zu Ihren Schwächen, zumal die Schwächen bereits im Zentrum Ihrer Aufmerksamkeit stehen.

Überlegen Sie, welche Ihrer Schwächen Sie besonders stark beeinträchtigt, konzentrieren Sie sich jetzt darauf, und versuchen Sie folgende Fragen zu beantworten:

SCHWÄCHE-ANALYSE

Meine Schwäche ist: ....

Was mißfällt mir besonders an ihr? ....

Wie verhielten sich meine Eltern gegenüber dieser Schwäche?

....

In welchen Lebensbereichen beeinträchtigt mich meine Schwäche heute? ....

Welchen Personen gegenüber empfinde ich diese Schwäche besonders stark? ....

Woran liegt das? ....

....

Bringt mir die Schwäche auch Vorteile ein? ....

Gibt mir meine Schwäche die Möglichkeit Zutreffendes bitte ankreuzen	**ja**	**nein**
• manche Situationen zu vermeiden,	☐	☐
• die Bewältigung von schwierigen Aufgaben anderen zu überlassen,	☐	☐
• Entscheidungen zu umgehen,	☐	☐
• die Hilfe anderer Menschen über Gebühr in Anspruch zu nehmen,	☐	☐
• die Verantwortung für mein Handeln nicht übernehmen zu müssen?	☐	☐

Versuchen Sie, sich an eine konkrete Situation zu erinnern, in der diese Schwäche besonders deutlich wurde. Beschreiben Sie diese Situation: ....

....

....

Wie haben Sie sich verhalten? ....

Haben Sie versucht, Ihre Schwäche zu verbergen? ....

Wie reagierten Ihre Mitmenschen auf Ihre Unsicherheit/Schwäche?

....

Würden Sie sich das nächste Mal anders verhalten? ....

....

Wenn ja, wie? ....

....

Suchen Sie eine vergleichbare Situation auf, und setzen Sie Ihre neuen Überlegungen in die Tat um!

Mit Hilfe der eben aufgezeigten Übung können Sie sich mit Ihren Schwächen auseinandersetzen, Ursachen erkennen und, wenn notwendig, entsprechende Veränderungsmöglichkeiten ableiten und erproben. Manchmal besteht die Veränderung darin, daß Sie eine neue Einstellung zu Ihren Schwächen bekommen und dadurch anders mit ihnen umgehen lernen.

➽ Es gibt viele liebenswerten oder zumindest akzeptablen Schwächen.

Bei manchen Menschen sind Schwächen das *Alibi* dafür, sich nicht mit schwierigen Situationen oder Problemen auseinanderzusetzen. Sie haben dadurch immer einen triftigen Grund, Unangenehmem auszuweichen, und entziehen sich gerne der Verpflichtung, Verantwortung für ihr Tun und Handeln zu übernehmen oder Entscheidungen zu treffen.
Denken Sie einmal darüber nach, ob Sie sich durch Ihre Schwächen auch »Vorteile« verschaffen. Wenn dies zutrifft, sollten Sie die Bewältigung von Problemen schrittweise erlernen. In kleinen Schritten können Sie sich zuerst »leichtere« Probleme vornehmen und sich mit der Zeit mit immer komplizierteren Aufgaben auseinandersetzen. Sie werden merken: Erfolgserlebnisse und das Gefühl, etwas zu schaffen, stärken Ihr Selbstwertgefühl und geben Ihnen neues Selbstvertrauen. Achten Sie jedoch darauf, daß Sie sich nicht zu früh zuviel zumuten. Erleben Sie Mißerfolge, so überprüfen Sie sie auf Ihre Ursachen hin. Ziehen Sie entsprechende Konsequenzen aus diesen Ursachen, und belasten Sie sich nicht mit Schuldgefühlen. Wer ständig in (ungerechtfertigten) Schuldzuweisungen steckenbleibt, verstärkt hiermit seine Minderwertigkeitsgefühle und lernt nicht aus den negativen Erfahrungen. Sie müssen sich eine Chance geben. Fassen Sie konkrete Vorsätze für zukünftige Situationen in der Form: *Das nächste Mal werde ich …*

Es wird jedoch trotz zunehmender Selbstsicherheit immer Situationen geben, in denen Sie sich unsicher und hilflos fühlen und auf die Hilfe anderer Menschen angewiesen sind. Umgekehrt wird es auch Situationen geben, in denen Sie sich sicher und überlegen fühlen und anderen helfen können. Oftmals werden die positiven Erlebnisse als selbstverständlich und nicht weiter beachtenswert wahrgenommen. Gerade unsichere und eher negativ denkende Menschen richten ihr Augenmerk oft einseitig auf ihre Schwächen. Sie müssen lernen, auch ihre *Stärken* bewußt zu erleben und schätzen zu lernen. Denn beide Elemente, Stärke und Schwäche, gehören zu jedem Menschen.

In der folgenden Übung sollen Sie sich mit Ihren Stärken befassen.

STÄRKE-ÜBUNG

Schließen Sie die Augen, und versuchen Sie, sich an eine Situation zu erinnern, in der Sie sich sicher und überlegen gefühlt haben. Beschreiben Sie die Situation (Personen, Gegebenheiten usw.)

....

....

....

Wie haben Sie sich gefühlt? ....

Welche Umstände/Personen trugen dazu bei, daß Sie sich stark und sicher fühlten? ....

Wie haben Sie sich verhalten? ....

Haben Sie offen zu Ihrer Stärke gestanden? ....

Welche Einstellung haben Sie bezüglich menschlicher Stärken?

....

Soll man sie verbergen oder offen zeigen? ....

....

Wie reagieren Sie, wenn Sie gelobt werden? Können Sie Lob annehmen? ....

Würden Sie sich das nächste Mal in einer ähnlichen Situation anders verhalten? ....

Wenn ja, wie? ....

Versuchen Sie, eine vergleichbare Situation aufzusuchen, und probieren Sie neue Verhaltensweisen aus.

Es ist für viele Menschen mit Minderwertigkeitsgefühlen zuerst ungewohnt, sich mit ihren Stärken zu beschäftigen, zumal manche von klein auf gelernt haben, bescheiden zu sein, sich nicht in den Vordergrund zu stellen und die eigenen Bedürfnisse möglichst zu verdrängen. Es handelt sich um die berühmten festgefahrenen Normen, die wir jetzt plötzlich in Frage stellen und verändern wollen.

- Die Veränderung in der Einstellung braucht jedoch Zeit und vollzieht sich nur dann, wenn neue Erfahrungen gemacht werden. Bedenken Sie: Wer seine Vorzüge kennt und schätzt, ist noch lange nicht überheblich oder arrogant (auch nicht in der Sicht der Mitmenschen!), sondern er hat lediglich eine positive Einstellung zur eigenen Person.

Indem Sie sich bewußt beobachten, werden Sie im Laufe der Zeit immer mehr Stärken an sich entdecken. Notieren Sie diese auf einem Zettel (vgl. Arbeitsschema: »Meine Stärken«). Fragen Sie auch Bekannte oder Lebenspartner, was sie an Ihnen schätzen.

ARBEITSSCHEMA: MEINE STÄRKEN

Stärken, die ich an meiner Person wahrnehme:

1. ....

2. ....

3. ....

4. ....

5. ....

usw.

Stärken, die Lebenspartner, Freunde, Bekannte an mir schätzen:

1. ....

2. ....

3. ....

4. ....

5. ....

Wenn Sie sich selbst akzeptieren, mit Ihren Schwächen und Stärken, so hat dies auch Konsequenzen im Hinblick auf Ihr Verhalten. Denken Sie darüber nach, wie oft Sie sich etwas verbieten (z.B. Entspannung, eine kleine »Belohnung«) und sich durch übermäßige Anstrengungen schädigen (z.B. pausenlos arbeiten usw.). Wenn Sie feststellen, daß Sie mit sich selbst zu hart umgehen, können Sie den Vorsatz fassen:

- »Ich werde mir von nun an erlauben, mich zu entspannen, mich gehen zu lassen, wenn ich das Bedürfnis danach habe, und mein Leben zu genießen.«

Manche Menschen würden anderen Menschen nie dasselbe abverlangen, was sie sich selbst zumuten. Wenn Sie lernen, positiv mit sich umzugehen, so hat dies wiederum Auswirkungen darauf, wie Sie mit Ihren Mitmenschen zurechtkommen.

➽ Wer sorgsam mit sich umgeht, sich selbst und seine Schwächen akzeptiert, kann auch auf andere Menschen besser zugehen und sie mit all ihren Schwächen annehmen.

Dieser Zusammenhang wird in der *Transaktionsanalyse* deutlich

▶ Die Transaktionsanalyse ist eine von ERIC BERNE entwickelte Therapieform, in der individuelle und zwischenmenschliche Verhaltensweisen und Lebenseinstellungen transparent gemacht werden, um krankmachende und störende Anteile aufzuzeigen. Die Lebenseinstellung eines Menschen mit starken Minderwertigkeitsgefühlen wird auf die Formel gebracht:

Ich bin nicht o.k. Du bist o.k.

Die in der Therapie angestrebte Lebenshaltung lautet:

Ich bin o.k. Du bist o.k.

Sie ist nicht zu verwechseln mit der frühen Mutter-Kind-Beziehung, sondern setzt eine bewußte Entscheidung des Erwachsenen voraus, die auf Grund von Überzeugungen und Einsichten getroffen wird. Es ist die Haltung des »Gelten und Geltenlassens«, die für jeden vorteilhaft ist. Diese Haltung trägt zum selbstbewußten und selbstverantwortlichen Handeln bei.

Ergänzende Methoden

BEWEGUNG UND SELBSTSICHERHEIT

Es gibt, wie bereits mehrmals angesprochen, eine Wechselwirkung zwischen körperlichem und seelischem Befinden eines Menschen. Wer hat nicht schon einmal die Erfahrung gemacht, daß sich Erschöpfung und körperliche Mattigkeit auch im seelischen Befinden niederschlagen. Man fühlt sich lustlos und größeren Anforderungen nicht mehr gewachsen, traut sich weniger zu und ist unsicherer im Auftreten. Während einer Krankheit ist nicht nur der Körper kraftlos, sondern auch die seelische Verfassung gleitet in einen

passiven, energielosen Zustand. Mit der Genesung steigen bei zunehmender Leistungsfähigkeit auch das Selbstvertrauen und die Zuversicht eines Menschen.
Wer sich ganz bewußt körperlich fit und leistungsfähig fühlt, hat oft auch mehr Selbstvertrauen und Selbstsicherheit, ist risikobereiter und stellt sich den Anforderungen, die auf ihn zukommen.

► Bewegung erhöht also die Aktivität eines Menschen. Die Aktivität wiederum wirkt sich positiv auf die Motivation aus. Man resigniert nicht so schnell, wenn Mißerfolge eintreten. Risikobereitschaft und Neugierde nehmen zu.

Abb. 10: Bewegung gibt Auftrieb!

Wie lassen sich diese Effekte erklären?
In der Bewegung erleben Sie ein intensiveres Verhältnis zum eigenen Körper. Sie spüren ihn besser und nehmen bestimmte Funktionen deutlicher wahr als im Zustand der Bewegungslosigkeit. Sie fühlen den Puls, die Atmung, die vermehrte Blutzirkulation, die erwärmte Haut, die angespannten beziehungsweise aktivierten Muskeln. Die Selbstwahrnehmung ist um ein Vielfaches erhöht; Sie erfahren die

mannigfachen Möglichkeiten, auf die Umwelt einzuwirken. Das Selbstvertrauen wächst, Anforderungen, die an Sie gestellt werden, gerecht zu werden. Unsicherheit und Ängstlichkeit nehmen ab.

Eine einmalige Anstrengung am Wochenende oder im Urlaub reicht jedoch nicht aus, um sich fit und leistungsfähig zu halten. Erst die regelmäßige Bewegung, circa zwei- bis dreimal wöchentlich jeweils 20 bis 30 Minuten, die auch mit einer gewissen körperlichen Mühe verbunden sein sollte, bringt die dargestellten Ergebnisse. Sie sollten dabei schon etwas ins Schwitzen kommen. Übertreiben Sie es jedoch nicht! Die Rede ist hier ganz und gar nicht von jenen Joggern, die mit hochrotem Kopf durch den Park rennen und sich stets Höchstleistungen abverlangen. Bewegung unter Leistungsdruck oder Zwang hat dieselben Auswirkungen auf den Körper wie Streß. Und Sie wollten sich ja vom unnatürlichen Leistungszwang endlich befreien!

➽ Bewegung soll Spaß machen und Entspannung und Ausgleich zum Alltagsstreß sicherstellen.

Wenn Sie sich bewegen, gehen Sie sorgsam mit sich um, und achten Sie auf Überforderungssignale, die während oder im Anschluß an die Bewegung auftreten können, wie starkes Herzklopfen, Atemstörungen, Kreislaufbeschwerden.

Zuviel des Guten schadet also. Auch wenn angeblich immer bessere Trainingsprogramme zur Gesunderhaltung angepriesen werden, sollten Sie sich nicht gutgläubig nach deren Anweisungen richten, sondern selbst auf sich achten. Wenn Sie sich bisher kaum bewegt haben, fangen Sie langsam an (mit zirka zehn Minuten täglich) und muten Sie sich nicht sofort zuviel zu. Es darf unter keinen Umständen zu neuen negativen Selbsteinreden kommen, wie »Ich wußte vorher, daß mir die Bewegung doch nichts mehr nützt« oder »Ich bin halt nicht beweglich oder zu sportlicher Betätigung geeignet. Da kann man nichts machen«.

Gelenkigkeit und körperliche Fähigkeiten brauchen Sie nicht als Voraussetzung für Ausgleichsbewegung. Wählen Sie Bewegungsarten aus, denen Sie sich gewachsen fühlen (z.B. Schwimmen, Radfahren, Gymnastik usw.) und die Sie gerne ausführen. In der Gruppe macht es meistens mehr Spaß, Sie finden hier gleichzeitig Kontakt zu anderen Menschen und werden zur regelmäßigen Teilnahme angehalten.

ENTSPANNUNGSVERFAHREN UND KÖRPERORIENTIERTE THERAPIEN

- Fühlen Sie sich vor oder während schwieriger Situationen öfter ängstlich und unsicher?
- Beeinträchtigt die Angst und Unsicherheit Ihr Wohlbefinden und Ihre Leistungsfähigkeit?
- Spüren Sie die Auswirkungen der Unsicherheit und Angst bereits im körperlichen Bereich (z. B. in Form von psychovegetativen Beschwerden wie Nervosität, Schlafstörungen, Verspannungen, Herz- und Kreislaufbeschwerden usw.)?
- Benutzen Sie manchmal Beruhigungs- oder Aufputschmittel, um schwierige Situationen durchstehen zu können?

Wenn einige dieser Aussagen auf Sie zutreffen, sollten Sie ein *Entspannungsverfahren* erlernen. Ziel der Entspannungsverfahren ist es, sich bewußt und gezielt binnen relativ kurzer Zeit in einen Entspannungszustand zu versetzen. Sie benötigen keine Beruhigungsmittel mehr und können psychovegetative Beschwerden gezielt abbauen. Außerdem werden Sie in der Entspannung Angst und Unsicherheit vermindern, da Entspannung, Angst und Unsicherheit Zustände sind, die miteinander unvereinbar sind. Wer zur Ängstlichkeit neigt, kann nicht gleichzeitig entspannt sein. Und umgekehrt, wer entspannt ist, ist nahezu angstfrei. Viele Menschen versuchen, mit Hilfe von Tabletten, Alkohol oder Nikotinkonsum Beruhigung und Entspannung zu erlangen. Kurzfristig erreichen sie ihr Ziel, jedoch langfristig stellen sich Süchte und Abhängigkeiten ein. – Angst und Unsicherheit kommen garantiert wieder, und zwar in verstärkter Form.
Entspannungsverfahren unterscheiden sich methodisch (Art und Vorgehen) voneinander. Nicht jede Methode ist für jeden Menschen gleich gut zu erlernen. Damit Sie die für Sie persönlich geeignete Methode finden, möchte ich Ihnen einige Informationen zu den bekanntesten Verfahren geben, die Ihre Auswahl unterstützen sollen.

DAS TIEFMUSKEL-ENTSPANNUNGSTRAINING

Als Verfahren, das am leichtesten zu erlernen ist, gilt das *Tiefmuskel-Entspannungstraining* (TE), das unter der Bezeichnung *»Progressive Relaxation«* (E. JACOBSON) im englischen Sprachraum bekannt ist. Es läßt sich mit Hilfe einer geeigneten Begleitlektüre sogar in Eigenregie leicht aneignen.

Methode: Mit Hilfe von aktiven körperlichen Übungen werden Entspannungsempfindungen gefördert. Einzelne Muskelpartien des Körpers werden systematisch nacheinander angespannt und nach einiger Zeit wieder entspannt. Durch den Gegensatz von An- und Entspannung werden sofort Entspannungsempfindungen spürbar (z. B. Schwere- oder Wärmeempfindungen). Die Wirkung dieser Übungen beschränkt sich nicht nur auf die Muskulatur, sondern hat auch positive Effekte auf das Nervensystem, auf Kreislauf und Atmung.

Anleitungen: Das TE* können Sie in Kursen oder mit Hilfe einer Begleitlektüre und/oder einer Trainingscassette (siehe BRENNER, Literaturhinweise S. 124) erlernen. Kursangebote gibt es in Volkshochschulen, Gesundheitsberatungsstellen, Bildungsstätten usw.

Trainingsaufwand: Etwa sechs Wochen regelmäßiges Training (einmal täglich ca. 20 Minuten).

Anwendungsmöglichkeiten: Bei Verspannungen, Nervosität, Kopfschmerzen, Schlafstörungen, Durchblutungs-, Herz- und Kreislaufstörungen; *vor*, *in* oder *nach* belastenden Situationen; als wichtiger Bestandteil der systematischen Desensibilisierung.

Übung: Suchen Sie sich eine entspannte Sitzhaltung, und stellen Sie sich auf Ruhe ein. Schließen Sie die rechte Hand zu einer Faust, verstärken Sie den Druck, und halten Sie die Anspannung (ca. 6–8 Sekunden). Dann entspannen Sie die Hand. Lassen Sie die Hand ganz locker. Spüren Sie den Unterschied von An- und Entspannung in Ihrer Hand.

DAS AUTOGENE TRAINING

Das *Autogene Training*** wurde von J. H. SCHULTZ entwickelt und stellt heute die bekannteste Entspannungsmethode dar. Es ist ein suggestiv-gedankliches Verfahren, in dem über konzentrative Vorstellungsübungen Entspannungseffekte erreicht werden sollen. Sie trainieren also intensiv, an einen positiven Zustand zu denken.

---

* Wir empfehlen hierzu ht 430 »Entspannungs-Training«, erschienen im Humboldt-Taschenbuchverlag, München.

** Dem interessierten Leser empfehlen wir hierzu ht 336 »Autogenes Training«, ht 466 »Selbsthilfe durch Autogenes Training« und ht 510 »Autogenes Training und Meditation«, alle erschienen im Humboldt-Taschenbuchverlag, München.

Methode: Mit Hilfe von gedanklichen Vorstellungsübungen (Formeln) werden Entspannungseffekte beziehungsweise angenehme Empfindungen im körperlichen Bereich hervorgerufen. Sie lernen, mit bestimmten Wortformeln Einfluß auf Muskeln, Kreislauf und vegetatives Nervensystem zu nehmen. Die sieben Grundübungen sind: Schwereübung, Wärmeübung, Atemübung, Herzübung, Sonnengeflechtübung, Schulternackenfeldübung, Stirnkühleübung.

Anleitungen: Das Autogene Training sollte nicht ohne fachliche Anleitung (Diplom-Psychologe oder Arzt) begonnen werden. Bitte keine Übungs-Cassette einsetzen! Kursangebote in Volkshochschulen, Gesundheitsberatungsstellen, Bildungsstätten usw.

Trainingsaufwand: Zwei bis drei Monate, dreimal täglich circa fünf bis zehn Minuten; regelmäßig üben.

Anwendungsmöglichkeiten: bei Verspannungen, Schwindelgefühlen, Herz- und Kreislaufbeschwerden, Magen-, Darmbeschwerden, Atembeschwerden, Schlafstörungen, Nervosität, Konzentrationsschwierigkeiten, Schmerzen usw.; vor, während und nach belastenden Situationen (z.B. Problemen, Ängsten, Unsicherheit).

Wie Sie sehen, ist der Trainingsaufwand zum Erlernen des Autogenen Trainings höher als beim Tiefmuskel-Entspannungstraining. Andererseits bestehen beim Autogenen Training vielfältigere Anwendungsmöglichkeiten, insbesondere zur Bewältigung schwieriger oder angstbesetzter Situationen.

YOGA

*Yoga** ist eine aus Indien stammende Technik zur Selbstbeherrschung und Selbstversenkung. Yoga darf nicht nur als Entspannungsmethode gesehen werden, sondern er beinhaltet auch Anleitungen zu einer gesunden Lebensführung, die auf dem Hintergrund fernöstlicher Weltanschauung zu verstehen sind. Yoga bedeutet: Ja sagen zum Leben und innere Ruhe finden. Die im europäischen Raum bekannteste Form ist der *Hatha-Yoga* (körperlicher Yoga).

---

* Wer sich intensiver mit diesem Thema beschäftigen will, dem empfehlen wir ht 82 »Das ist Yoga«, ht 333 »Yoga und Gymnastik« und ht 588 »Yoga für Frauen«, alle erschienen im Humboldt-Taschenbuchverlag, München.

Methode: Mit Hilfe von körperlichen und geistigen Übungen sollen Selbstbeherrschung und Selbsterkenntnis gefördert werden. Dazu gehören Bewegungen und Figuren, die bewußt und langsam durchgeführt werden und die zur Erhöhung der Gelenkigkeit und zur Kräftigung beitragen; die Muskulatur wird beispielsweise geschmeidiger, dehnbarer. Atemübungen führen zur Intensivierung der Atmung; Selbstversenkungsübungen dienen der Besinnung und Konzentration auf sich selbst und der Selbstfindung.

Anleitungen: Es empfiehlt sich, Yoga unter fachlicher Leitung zu erlernen. Kursangebote erfragen Sie am besten bei Volkshochschulen, Bildungsstätten oder Yoga-Zentren.

Trainingsaufwand: Tägliches Training zur gleichen Zeit, 10 bis 20 Minuten.

Anwendungsmöglichkeiten: Bei Verspannungen, Durchblutungsstörungen, Atembeschwerden, Stoffwechselbeschwerden; zur Regenerierung, Selbstbeherrschung und Erlangung des seelischen Gleichgewichts.

Neben den Entspannungsverfahren, zu denen auch *Atemtherapie, Meditation* usw. gehören, gibt es noch körperorientierte Therapien, die nicht speziell auf Entspannungseffekte abzielen, sondern mit Hilfe von körperlichen Bewegungen und Übungen Einfluß auf das Seelische nehmen. Es handelt sich dabei um Verfahren, die auch eine mehr oder weniger große Wirkung auf die Persönlichkeit beziehungsweise auf bestimmte Fehlentwicklungen in ihr haben.

DIE FELDENKRAIS-METHODE

Die *Feldenkrais-Methode* wurde nach ihrem Verfasser MOSHÉ FELDENKRAIS benannt. Mit Hilfe von körperlichen Übungen werden Bewegungsabläufe neu organisiert und damit funktionaler und ökonomischer gemacht. Ziel ist es, in der Bewegung unnötige Anstrengungen oder Verspannungen zu vermeiden und damit das Körpergefühl zu verbessern. Zunehmende körperliche Beweglichkeit soll sich im seelischen Bereich in zunehmender geistiger Flexibilität und Selbstvertrauen auswirken.

Methode: Das Ziel ausgewählter körperlicher Übungen ist es, Bewußtheit durch Bewegung zu erreichen. Fehlerhafte Haltungen und Bewegungsabläufe werden so umgestaltet, daß sie ökonomischer und funktionaler im Ablauf werden. Die Entwicklung eines positiven Körpergefühls wird gefördert. Die Fähigkeit, Bewegungen angemessener zu organisieren, soll auf Bewegungen im Alltag übertragen werden.

Anleitung: Die Feldenkrais-Methode sollte unter fachlicher Anleitung von dafür ausgebildeten Feldenkrais-Pädagogen erlernt werden. Kurse werden in manchen Volkshochschulen oder Freizeiteinrichtungen angeboten.

Anwendungsmöglichkeiten: Verspannungen, Wirbelsäulenerkrankungen, Muskelerkrankungen (z.B. spastische Lähmungen, Parkinsonsche Krankheit, Multiple Sklerose), Atembeschwerden und sonstige psychovegetative Beschwerden; im seelischen Bereich Selbstunsicherheit, negatives Selbstbild, Engegefühle.

DIE KONZENTRATIVE BEWEGUNGSTHERAPIE

Die *Konzentrative Bewegungstherapie* wurde von E. Gindler entwickelt. Hier steht auch wieder die Verbesserung der körperlichen Selbstwahrnehmung im Vordergrund. Ziel ist es, sich selbst zu fühlen, bewegt zu sein, sich in Ruhe und Bewegung zu spüren, unangenehme Empfindungen bewußter wahrzunehmen und zu verändern.

Methode: Mit Hilfe von körperlichen Übungen – in Ruhe, in Bewegung, allein oder mit anderen zusammen, im Liegen oder im Stehen – sollen körperliche Empfindungen deutlicher erlebt werden, um Mißempfindungen bewußter zu machen. Ziel ist es, durch bewußtes Erfahren und Erleben des Körpers Erlebnisstörungen zu entdecken, in ihrer Bedeutung zu erkennen und zu überwinden. Die Übungen verlaufen in folgenden Phasen: Erspüren, Wahrnehmen, Bedenken, Besprechen, Bedeuten.

Anleitung: Nur unter fachlicher Anleitung von spezialisierten Therapeuten erlernbar. In diversen (insbesondere psychosomatischen) Rehabilitationseinrichtungen wird diese Therapieform durchgeführt.

Anwendungsmöglichkeiten: Zum Beispiel bei psychovegetativen oder psychosomatischen Erkrankungen, inneren Spannungen und sozialen Ängsten; im Umgang mit Schmerz, Behinderung usw.

DIE EUTONIE

Die *Eutonie* geht auf G. ALEXANDER zurück. Ziel der Eutonie ist »die Stärkung der Persönlichkeit durch eine Durchdringung des Körpers mit Bewußtseinskräften«. Durch eine Erweiterung des Bewußtseins wird der Organismus leistungsfähiger und kann sich nach Belastungen schneller regenerieren, wodurch schöpferische Kräfte entfaltet und soziale Kontaktfähigkeit aktiviert werden. Die Beziehung zum eigenen Körper verbessert sich, und eine Stabilisierung der körperlichen und seelischen Verfassung wird erreicht.

Methode: Zugrundegelegt ist die Erfahrung, daß Vorstellungen und Gedanken Veränderungen im Organismus hervorrufen (z.B. verbesserte Blutzirkulation, Muskeltonus). Der Körper soll in der aktiven Bewegung erlebt werden, so daß Fehlspannungen und Fehlhaltungen durch Beobachtung wahrgenommen und verändert werden können. Zu den Eutonietechniken gehören Vorstellungsübungen zur bildlichen Veränderung des Körpers, Übungen zur Wahrnehmung der Muskulatur, Berührungs- und Kontaktübungen (z.B. zur Förderung der Kontaktfähigkeit).

Anleitung: Nur unter Anleitung eines Eutoniepädagogen, verbunden mit Selbsttraining, erlernbar.
Kursangebote finden Sie in einigen Volkshochschulen und Weiterbildungsstätten.

Anwendungsmöglichkeiten: Zum Beispiel bei psychovegetativen oder psychosomatischen Erkrankungen, neurologischen Leiden, psychischen Erkrankungen und Problemen wie Ängsten, Zwängen, Depression, Selbstunsicherheit usw.

IV Selbstsicherheit und Selbstverantwortlichkeit

Ich bin verantwortlich,
wenn ich mich bemitleide, herabsetze oder verachte,
wenn ich meine Gesundheit zerstöre, indem ich mir zuviel abverlange,
wenn ich meine Gefühle Dir gegenüber verberge,
wenn ich meine Bedürfnisse zurückstelle – aus falscher Bescheidenheit,
wenn ich in Schuldgefühlen steckenbleibe, ohne mich um Änderungen zu bemühen.

Aus dieser Verantwortung heraus
will ich von jetzt an sorgsam mir mir umgehen,
will mich entspannen, lachen und mich loslassen,
will meine Schwächen akzeptieren und meine Stärken achten,
will meine Wünsche, Gefühle und Bedürfnisse äußern,
will ich verantwortlich sein für mein Leben und erwachsen werden.

Oft erscheint es Menschen unmöglich, sich aus einer ungünstigen Lebenssituation, aus Leiden oder einer mißlichen Lage zu befreien. Sie machen das Schicksal, andere Leute oder widrige Umstände dafür verantwortlich, daß sie unzufrieden sind und unter ihrer Situation leiden. Sie beklagen und bemitleiden sich, vertiefen sich in Schuldgefühle. Sie stellen ihre Bedürfnisse zurück oder überfordern sich, um es dem Lebenspartner immer recht zu machen, und merken nicht, daß sie sich dadurch selbst schädigen, ihre Gesundheit zerstören, sich vielleicht sogar partnerschaftsunfähig machen.

Die Ursachen für die Unzufriedenheit werden nach außen verlegt. Die Verantwortlichkeit für das eigene Leben wird damit in andere Hände gelegt: »Damit habe ich nichts zu tun. Man behandelt mich schlecht, nutzt mich aus, beachtet mich nicht« sind Gedanken, die diese Menschen kennzeichnen.
Es kostet weniger Mühe, die Schuld für Mißstände anderen zuzuschieben als sich selbst verantwortlich dafür zu fühlen. Selbstunsi-

cherheit verstärkt bei vielen Menschen noch das Gefühl, der Situation ausgeliefert zu sein. Wenn Änderungen nicht von außen kommen, geschieht nichts zum Besseren. Schlechte Lebensqualität, Leistungsunfähigkeit, Flucht vor Herausforderungen bleiben. Passivität führt nicht aus dem Teufelskreis heraus. Sie haben sich entschlossen, etwas zu tun. Sie wollen Verlerntes wieder lernen, nämlich Ihre Rechte zu wahren, Ihre Gefühle zu äußern, nein zu sagen, positive Kontakte aufzubauen. Sie wissen:

- Selbstsichere Menschen sind in der Lage, Tatsachen und Gegebenheiten von Befürchtungen, Phantasien und überkommenen Normen zu trennen, sie auf ihren aktuellen Sinn hin zu überprüfen und, wenn es notwendig erscheint, zu verändern. Selbstsicherheit macht flexibel, da man bereit ist, sich schwierigen Lebenssituationen zu stellen, neue Erfahrungen zu machen und sich weiterzuentwickeln.

In der *Transaktionsanalyse* (E. BERNE) wird dieses Ziel der Selbstverantwortlichkeit als »Autonomie« bezeichnet. JAMES, ein Vertreter dieser Therapieform, formuliert:

- »Autonom sein heißt selbständig sein, das eigene Schicksal bestimmen, die Verantwortung für die eigenen Handlungen und Gefühle übernehmen und Verhaltensmuster aufgeben, die für das Leben hier und heute irrelevant und unangemessen sind.«

JAMES unterstreicht mit diesen Worten, daß Autonomie kein fortwährender Zustand ist, der – einmal erreicht – immerfort andauert, sondern stets von neuem hergestellt werden muß. Autonomie beinhaltet *lebenslanges Lernen*, eine ständige Suche danach, neue Erfahrungen zu machen, um sich selbst zu verwirklichen.

Das Ziel der *Selbstverwirklichung* und *Selbstbestimmung* findet man auch in der Bedürfnispyramide von MASLOW an oberster Stelle menschlichen Strebens wieder. Voraussetzung ist nach MASLOW, daß grundlegende Bedürfnisse wie existentielle Belange, Einbettung in soziale Gefüge (Familie, Beruf), Achtung in Partnerschaft und Beruf erfüllt werden, um selbstverantwortlich zu leben und sich selbst zu verwirklichen.

- Die menschliche Entwicklung erfolgt nicht stur geradlinig von unten nach oben, sondern jeder Mensch macht ständig neue Erfahrungen und sieht sich neuen zu bewältigenden Problemen im beruflichen und privaten Bereich gegenübergestellt, so daß er sich auf einem ständigen Wechsel zwischen den Ebenen befindet.

Abb. 11: Bedürfnispyramide (nach Maslow)

Machen Sie nicht den Fehler, daß Sie Lernen mit Unterrichtetwerden verwechseln, das heißt wiederum als einen passiven Prozeß sehen, dem Sie sich lediglich zu unterziehen brauchen. Es ist sicher richtig, daß zu jedem Lernprozeß auch Informationen, das Wissen um Zusammenhänge, Ursachen und deren Veränderungsmöglichkeiten gehören. Dieses Wissen sollte Ihnen dieses Buch vermitteln. Es sollte Ihnen zum einen als Anleitung zum Erlernen von Selbsthilfemöglichkeiten dienen und andererseits für Sie einen Begleittext zur Teilnahme an einer fachlich geführten Therapiegruppe darstellen.

➽ Das aktive Handeln, das Ausprobieren neuer Verhaltens- und Denkweisen kann Ihnen jedoch niemand abnehmen. Nun liegt es an Ihrer aktiven Mithilfe, ob Sie Ihre Selbstunsicherheit abbauen, Selbstvertrauen und Selbstsicherheit aufbauen und für Ihr Wohlergehen Verantwortung übernehmen.

Haben Sie Mut dazu und nehmen Sie folgenden Ausspruch von S. Kopp als Motto für Ihren Weg zum Selbstbewußtsein:

»Wir müssen unser Gefühl des Unbehagens immer als Chance betrachten, das Wachstum zu wählen und nicht die Angst.«

Anhang

Kontaktadressen und Anschriften

Kontaktadresse der Autorin: 48301 Nottuln, Nachtigallengrund 22

Psychologischer Arbeitskreis für Autogenes Training und Progressive Relaxation, Koogstraße 96, 25541 Brunsbüttel

EA-Selbsthilfegruppen für seelische Gesundheit (Emotions Anonymous), Kontaktadresse: Klinik Kinzigtal, Bernbacher Straße 33, 76332 Bad Herrenalb

Deutsche Hauptstelle zur Abwehr der Suchtgefahren, Bahnhofstraße 2, 59065 Hamm

Deutsche Arbeitsgemeinschaft für Selbsthilfegruppen (DAG), Friedrichstraße 28, 35394 Gießen

Deutscher Patientenschutzbund, Adenauerallee 94, 53113 Bonn

Berufsverband deutscher Psychologen, Heilsbachstraße 22, 53123 Bonn

PSYCHOTHERAPIEVERBÄNDE/PSYCHOTHERAPIEMÖGLICHKEITEN

Deutsche Gesellschaft für Verhaltenstherapie, Hauptgeschäftsstelle: Friedrichstraße 5, 72072 Tübingen

Gesellschaft für wissenschaftliche Gesprächspsychotherapie, Geschäftsstelle: Richard-Wagner-Straße 12, 50674 Köln

Deutsche Gesellschaft für Transaktionsanalyse, Samerbergweg 7 84508 Burgkirchen

Gesellschaft zur Förderung der Verhaltenstherapie, Kraepelinstraße 10, 80804 München

Deutscher Berufsverband Verhaltenstherapie, z. Hd. Herrn Prof. Schulte, Psychologisches Institut der Universität Bochum

Literaturhinweise

Alexander, G.: Eutonie. München
Anneken, A., Echelmeyer, L., Kessler, E.: Selbstsicherheits- und Kontakttraining in Gruppen, Deutsche Gesellschaft für Verhaltenstherapie e.V. Tübingen
Bach, G. R., Goldberg, H.: Keine Angst vor Aggressionen. Frankfurt
Brenner, H.: Autogenes Training (ht 336). München
Brenner, H.: Entspannungs-Training (ht 430, 809). München
Brenner, H., Trappe, M.: Nach dem Herzinfarkt. Salzburg
Buchmann, K.-E.: Nimm Dein Schicksal in Deine Hand. Freiburg
Casriel, D.: Die Wiederentdeckung des Gefühls. München
De Muynck, U. & Ullrich, R.: Das Assertiveness-Trainings-Programm ATP: Einübung von Selbstvertrauen und sozialer Kompetenz. München
Dyer, W.: Der wunde Punkt – Die Kunst, nicht unglücklich zu sein. Reinbek
Ellis, A., Grieger, R.: Praxis der rational-emotiven Therapie. München
Eschenröder, L.: Wie Selbstgespräche unsere Gefühle und unser Verhalten beeinflussen. Psychologie Heute, 4, Nr. 1
Feldenkrais, M.: Bewußtheit durch Bewegung – Der aufrechte Gang. Frankfurt
Gendlin, E.: Focusing-Technik der Selbsthilfe bei der Lösung persönlicher Probleme. Salzburg
Harris, Th.: Ich bin o.k. – Du bist o.k. Reinbek
Hennenhofer, G., Heil, K. D.: Angst überwinden. Reinbek
Izard, C. E.: Die Emotionen des Menschen. Weinheim
James, M., Jongeward, D.: Spontan leben. Reinbek
Kopp, Sh. B.: Triffst Du Buddha unterwegs. Hamburg
Körner, H.: Johannes. Stuttgart
Lazarus, A., Fay, A.: Ich kann, wenn ich will – Anleitung zur psychologischen Selbsthilfe. Stuttgart
Lowen, A.: Bio-Energetik. Reinbek
Saint-Exupéry, A.: Der kleine Prinz. Düsseldorf
Schmidbauer, W.: Die Angst vor der Nähe. Reinbek
Schwäbisch, L., Siems, M.: Anleitung zum sozialen Lernen für Paare, Gruppen und Erzieher. Reinbek
Stevens, J. O.: Die Kunst der Wahrnehmung. München
Tausch, A.: Wege zu uns. Reinbek
Teegen, F.: Ganzheitliche Gesundheit. Reinbek
Trappe, M.: Schlankwerden – ein Selbsthilfeprogramm (ht 550). München
Trappe, M.: Ich sehe keinen Ausweg mehr. Freiburg
Watzlawick, P.: Anleitung zum Unglücklichsein. München
Wecker, K.: Lieder und Gedichte. München
Wendtlandt, W., Hoefer, H.-W.: Selbstsicherheitstraining. Salzburg

Register

Bewerbung

So bewirbt man sich	ht 255
Sich bewerben und vorstellen	ht 537
Die perfekte Bewerbung!	ht 665
Vorstellungsgespräche – mit Erfolg	ht 690

Frau und Beruf

Rückkehr ins Berufsleben	ht 680
Erfolgreich und zufrieden: Frauen im Beruf	ht 681

Tests

Eignungstests erfolgreich bestehen	ht 463
Eignungs- und Persönlichkeitstests	ht 548
Test für die Berufswahl	ht 643
Das große Buch der Eignungstests für Schule und Beruf	ht 922

Gesundheit & Medizin

Allgemein

Sauna	ht 406
Taschenlexikon Medizin	ht 462
Biorhythmus	ht 494
Schlankwerden – ein Selbsthilfeprogramm	ht 550
Homöopathie – Naturmedizin für jedermann	ht 553
Ratgeber Wechseljahre	ht 589
Rezeptfreie Medikamente	ht 593
Abwehrkräfte stärken – gesund bleiben	ht 616
Naturkosmetik	ht 648
Ärztlicher Reiseratgeber	ht 655
Teste Deine Gesundheit	ht 651
Ratgeber Hormone	ht 658
Gesund durch Entschlacken	ht 676
Atmen Sie richtig?	ht 694
Humboldt-Gesundheitsfahrplan	ht 695
Akupressur	ht 700
Wegweiser Gesundheitswesen	ht 707
Fußreflexzonenmassage	ht 711
Heilkraft der Hände	ht 712
Erkrankungen im Alter	ht 719
Heilende Kräfte der Natur	ht 944
Stay young!	ht 945

Entspannung

Autogenes Training	ht 336
Entspannungs-Training	ht 430
Selbsthilfe durch Autogenes Training	ht 466
Autogenes Training und Meditation	ht 510
Entspannungs-Training (Buch/Cassette)	ht 809
Das große Buch der Entspannungstechniken	ht 923

Gymnastik

Gymnastik für alle	ht 228
Schwangerschafts-Gymnastik	ht 468
Wassergymnastik	ht 633
Gymnastik bei Bandscheibenschäden	ht 647
Fit durch isometrische Übungen	ht 684

Yoga

Das ist Yoga	ht 082
Yoga + Gymnastik	ht 333
Yoga für Frauen	ht 588
Das große Yoga-Buch	ht 943